SOLIDARITÉ INTERDITE

Lisa Fittko

Solidarité interdite

Ma fuite à travers l'Europe
1933 - 1940

Récit

Traduit de l'allemand par
Christian Lutz

Pour l'édition originale :
Solidarität unerwünscht, Lisa Fittko,
© Carl Hanser Verlag, München Wien, 1992

Pour la présente édition française :

www.samsa.be

ISBN 978-2-87593-380-5

© Samsa s.p.r.l.,
Espace Pesce
Rue Berthelot 154
B 1190 Bruxelles

Traduit de l'allemand avec le concours de :
Literature and Translation Funding

Goethe-Institut.

Imprimé en Belgique
D/2022/13.163/05

En couverture :
Lisa Fittko, une élève de seize ans à Berlin (1925).

Préface

par
Véronique Bergen

Figure de la résistance, militante socialiste née en 1909 dans une famille juive germanophone de Ruthénie (Empire austro-hongrois), morte à Chicago en 2005, Lisa Fittko, née Elizabeth Eckstein, est l'autrice de témoignages décisifs sur la montée en puissance du nazisme et la bascule de l'Europe dans la Deuxième Guerre mondiale. Pour la première fois, paraît en français, dans une traduction de Christian Lutz, *Solidarité interdite,* un récit-document de premier plan qui retrace la progression inexorable de la peste brune dans les années 1930 en Allemagne. Militante antinazie de la première heure, elle s'engage très tôt dans un combat contre le fascisme alors que bien des intellectuels et des militants minimisent ou, à tout le moins, sous-estiment encore le danger que représente le national-socialisme. Adhérant à l'Union des élèves socialistes à Berlin en 1929, elle mène un combat sans relâche, distribue des tracts afin d'alerter la population. Dans ce texte resté inexplicablement inédit en français, elle retrace son parcours, celui de ses camarades de combat, de l'année 1933 à 1940, elle nous montre comment une opposition intérieure, illégale, un front commun antifasciste s'est mis en place dans un régime qui instaure le règne de la terreur. Que faire dans une société dont tous les garde-fous démocratiques ont volé en éclats, qui broie les consciences, enrégimente les corps et les esprits ? Aucun des questionnements relatifs aux formes de mobilisation à adopter en vue de contrer la progression de l'idéologie nazie n'est éludé. Comment s'organiser, rallier les forces de la gauche alors que l'étau se resserre, qu'après la crise économique de 1929, Adolf Hitler arrive au pouvoir en 1933 par la voie des urnes, est nommé chancelier de la République de Weimar ?

« Quelque chose allait se produire. Quelque chose se tramait. Puis, c'est arrivé, nous tenions enfin l'information : "Hindenbrug a ordonné à Hitler de former un cabinet !". À partir de là, le fascisme a ouvertement régné sur l'Allemagne. Nous nous y étions bien sûr préparés, nous voyions clairement le danger, tout avait été programmé. »

Livre de combat contre l'ennemi national-socialiste, *Solidarité interdite* lance une adresse aux générations futures, un message en faveur de la liberté et de la résistance à toutes les oppressions qui la laminent. Encore faut-il que la réalité matérielle, politique, psychique qu'on entend définir par le terme de liberté ne soit pas une expression de l'aliénation et du conditionnement... Avec Lisa Fittko, nous sommes au plus loin de la vaine antienne « plus jamais ça ! » ou autres slogans dont on se gargarise : nous sommes à la pointe d'une lucidité aiguisée qui pousse à mettre sa vie, le sens de son existence au service de la liberté. Quand vient le temps des assassins, d'un nationalisme fondé sur l'antisémitisme, la xénophobie, les concepts d'espace vital (*Lebensraum*), de *Blut und Boden* (« le sang et le sol »), les mots ne valent qu'à être conjoints à l'action. Dénoncée pour avoir imprimé et distribué des tracts après l'incendie du Reichstag, elle doit quitter Berlin et gagne Prague. Une seule nécessité, une seule urgence parcourt ces pages : celle d'unir les forces collectives contre l'Allemagne nazie. Des interrogations cruciales, fulgurantes, parfois dérangeantes, traversent le récit : « Où allons-nous ? Nous, la gauche allemande ? (...) Est-ce que cette guerre peut ce que nous n'avons pas pu, malgré tous nos sacrifices ? Arrivera-t-elle à mettre le national-socialisme à genoux ? ».

Quand l'Histoire déraille, s'enlise dans les crimes de masse et la mort industrielle, Lisa Fittko fait partie des résistants qui la remettent en mouvement en travaillant à mettre échec et mat la machinerie totalitaire nazie. Ses phrases s'élancent comme des mains, des poings levés qui appellent à la construction d'un front de résistance contre les planificateurs de la terreur absolue. À Prague, en 1933, elle fait la connaissance du journaliste de gauche et résistant

Hans Fittko avec qui elle se marie. Poursuivant leurs activités de résistance, le couple est expulsé de Tchécoslovaquie, fuit en Suisse, ensuite en Hollande et en France. En une formule saisissante, évoquant la machine stalinienne, le révolutionnaire Victor Serge disait que « minuit dans le siècle » avait sonné. À l'heure nazie, l'heure où il est « minuit dans le siècle », Lisa Fittko compose le récit minutieux de l'avant-terreur, des mécanismes et rouages qui y président, et de l'après. *Solidarité interdite* ressaisit l'écheveau des micro- et macrofaits qui ont permis la victoire d'une idéologie de la mort, répertorie, pointe sous un jour concret les événements, les facteurs politiques, socio-économiques, psychologiques, anthropologiques qui ont pavé la voie à l'intronisation du IIIᵉ Reich. Le couple s'exilera en France, arrivera à Paris en septembre 1939. Prise dans la rafle du 15 mai 1940, Lisa Fittko est envoyée par la police française au camp de Gurs, aux côtés de milliers de réfugiés juifs, de militants antifascistes. Dans la France de Pétain, dans la France de la capitulation, Lisa et d'autres femmes réussissent à s'échapper du camp de Gurs.

Retrouvant son mari, elle crée avec lui un réseau clandestin de passage entre la France de Vichy et l'Espagne. Un des premiers réfugiés qui bénéficia du réseau, rebaptisé la « route F » (Fittko) fut le philosophe Walter Benjamin qu'elle rencontra à cette occasion[1]. Durant une dizaine d'heures, Lisa conduit Benjamin dans des chemins périlleux à

---

1 Lisa Fittko, *Le chemin Walter Benjamin, Souvenirs 1940-1941*, traduit de l'allemand par Léa Marcou, Préface d'Edwy Plenel, Paris, Seuil, « La Librairie du XXIᵉ siècle », 2020.

travers les Pyrénées. Se retrouvant immobilisé à Port-Bou, menacé d'être rapatrié en France et remis à la Gestapo, il se suicide le 26 septembre 1940. Passés en Espagne, gagnant le Portugal, Hans et Lisa Fittko s'embarquent pour Cuba avant d'émigrer aux États-Unis en 1948, année de la naissance de l'État d'Israël.

À l'heure où le bruit des bottes résonne aux quatre coins de la planète, à l'heure où les nouveaux tyrans recyclent de vieilles méthodes d'assujettissement sous de nouveaux oripeaux, à l'heure de la destruction de l'environnement et de l'extermination des peuples autochtones, la posture militante de Lisa Fittko nous lègue un souffle, le souffle des partisans de la liberté et son principe inaliénable : être aux aguets, la pensée et les sens tendus dans la vigilance de qui détecte les manœuvres, rampantes ou explicites, pour mettre les humains et les non-humains à genoux, ou plus exactement en cage et en bière. Au travers de ses textes, elle nous transmet un manuel d'anti-résignation à l'insupportable, un devoir d'insurrection, un bâton témoin qui nous aide à nous orienter, cap vers l'émancipation, en prenant les armes contre ce qui nous muselle et réduit nos puissances de vivre et de penser.

Loin d'être bouclé sur lui-même, sur le passé, le mouvement rétrospectif vers les années sombres durant lesquelles l'Europe culbuta dans la gueule du nazisme ouvre une perspective prospective, branchée sur notre présent, en dialogue avec l'avenir. C'est sur ce pont vers le contemporain et le futur que le livre se clôt. La sauvegarde et l'intensification des libertés individuelles et collectives dans un monde traversé de pulsions, de stratégies liberticides s'avancent comme un défi à relever à chaque instant.

Tout fascisme est un crépuscule qui a pour maître, la Mort.

« *Der Tod ist ein Meister aus Deutschland* », « La mort est un maître d'Allemagne », Paul Celan, *Todesfuge,* « Fugue de mort ».

Non, Nelly Sachs, il n'y aura pas d'éclipse d'étoile et nous ne resterons pas dans les demeures de la mort.

Anti-désastre, anti-naufrage, anti-linceul : *Solidarité interdite* fait reculer la cendre et infuse de la vie avec obstination.

30 janvier 1933
La procession aux flambeaux

Je quittai la voie ferrée surélevée à la porte d'Halleschen lorsque j'entendis des braillements et que je vis ces tas d'uniformes marron qui se tenaient sur la place principale de la ville.

Je le savais depuis midi. Hilde avait appelé au bureau et avait crié : « Hitler est chancelier ! »

Plus tard, alors que je traversai Alexanderplatz, j'ai bien vu des groupes de S.A. qui se rassemblaient. Et chez nous, au centre de Kreuzberg, ils n'hésitaient pas à se pavaner ouvertement.

Aussi surprenant que fut l'appel de Hilde, la nouvelle ne tombait pas vraiment du ciel. Dès le début, ce lundi avait été un jour spécial. Tout le monde semblait se tenir à l'affût. Quelque chose allait se produire. Quelque chose se tramait.

Puis, c'est arrivé, nous tenions enfin l'information : « Hindenburg a ordonné à Hitler de former un cabinet ! »

À partir de là, le fascisme a ouvertement régné sur l'Allemagne.

Nous nous y étions bien sûr préparés, nous voyions clairement le danger, tout avait été programmé. La veille encore, cent mille Berlinois manifestaient dans le *Lustgarten*[1] contre la menace fasciste. Nous l'imaginions autrement cette « révolution nationale ». Depuis, elle était là, légale. Par la grâce de Hindenburg. *Sieg Heil !* *Sieg Heil !* criaient les uniformes marron[2]. J'ai vu des gens qui se dépêchaient de rentrer du travail, comme d'habitude à cette heure. Certains regardaient autour d'eux, d'autres hésitaient, tous remontaient le col de leurs vestes ou de leurs manteaux sous le froid glacial de ce mois de janvier. Quelques-uns se hâtaient plus que d'habitude. On pouvait noter des détails presque imperceptibles. Comme ceux qui détournaient leur regard et changeaient de direction. Comme si quelque chose dysfonctionnait. Je l'ai senti, mais ça paraissait tellement irréel : une manifestation sans la police semblait inconcevable !

Je me suis appuyée contre un mur, comme si j'attendais quelqu'un. Et pourtant, la police était présente, trois voitures en embuscade, ils étaient assis avec leurs carabines entre les genoux, les sangles d'assaut sous le menton. Contrairement à leur

---

1 Jardin de détente. (ndt – toutes les notes ont été ajoutées par le traducteur)

2 S.A., ou la *Sturmabteilung* (littéralement section d'assaut, de *Sturm* « tempête » ou « assaut », et *Abteilung* « détachement, section »), abrégée en S.A., est une organisation paramilitaire du « parti nazi » (organisation dont est ensuite issue la SS). La S.A. joua un rôle important dans l'accès au pouvoir de Hitler en 1933. À partir de 1934, et après l'élimination de ses principaux dirigeants durant la « nuit des longs couteaux », la S.A. ne joue plus aucun rôle politique.

habitude, ils évitaient le centre de la manifestation. Ils se tenaient à l'écart, là où, à travers les troncs d'arbres, on pouvait à peine les deviner. Mais elle était bien présente notre *Schupo*[3] prussienne. Pour protéger qui ?

Huit jours auparavant, à l'*Alexplatz*[4] et à la *Bülowplatz*[5], elle était montée sur les toits avec des mitrailleuses pour couvrir les nazis face à la population.

– Partons d'ici, rentrons à la maison !

J'ai marché vers la place Belle-Alliance.

En passant devant la pâtisserie, là où certains de nos joueurs d'échecs se retrouvaient, j'ai réfléchi un moment, puis j'ai franchi les quelques marches pour aller voir qui se trouvait à l'intérieur ; je voulais parler à quelqu'un. Dans l'arrière-salle, il y avait plus de monde qu'à l'accoutumée à cette heure de la journée, les échiquiers y étaient, les gens assis autour des tables, mais personne ne semblait jouer. J'ai vu que Kurt était là lui aussi, et Else, Walter, Erich, et quelques autres dont les noms m'échappent. Oui, bien sûr, ils avaient bien vu ce qui se passait à l'extérieur. Mais qu'allait-il se passer maintenant ? Une dictature militaire ? N'importe quoi ! Nous l'avions déjà la « dictature militaire » ! La terreur des S.A. ? C'était clair. Pourtant, nous avions cela aussi, avant. Mais, jusqu'à présent, nous avions pu nous défendre.

---

3 La *Schutzpolizei* est chargée de la sécurité publique dans les villes allemandes. Elle dépend de chaque *Landespolizei*. Ses membres, populairement surnommés Schupo, travaillèrent en uniforme vert pâle à partir de 1976.

4 Alexanderplatz à Berlin.

5 Place au centre de Berlin. Actuellement Rosa-Luxemburg-Platz.

Et maintenant ? Beaucoup d'entre nous devaient disparaître. Disparaître, oui ! Mais nous n'allions *pas* disparaître ! Nous ne disparaîtrions *jamais !* La lutte contre le fascisme devait continuer, surtout maintenant. Sous terre !

Mais comment ? Que pouvions-nous vraiment faire ? Et les deux partis... Toujours en front commun ! Tu n'en crois pas tes oreilles ! Il ne peut quand même pas y avoir de front commun, pas maintenant. Il serait absurde de compter sur un miracle ; il est impératif de *faire* quelque chose. Oui, pourquoi ne pas publier un tract et le distribuer aux gens de Kreuzberg, et dans les usines aussi ? Dès demain. Mais où se trouve réellement le déclencheur ? Erwin le sait-il ?

Nous l'écrirons ce soir ! Nous devons d'abord savoir ce qui va se passer durant la parade aux flambeaux des S.A. Et les descentes qui s'abattront ensuite sur les bars d'ouvriers !

Il fallait que je voie ça par moi-même.

– Je vais y aller, ai-je dit... Nous nous retrouverons ici plus tard ?

– D'accord. Ils ne connaissent pas cet endroit.

Je suis partie.

J'évitais la procession aux flambeaux pour me rendre directement à la Wihelmstraße[6]. De là, je pouvais suivre tout le défilé.

---

6 La Wilhelmstraße est une rue située dans les quartiers du Centre historique de Berlin et de Kreuzberg. Jusqu'en 1945, elle abrite de nombreuses administrations du royaume de Prusse et de l'Empire allemand.

La place face à la Chancellerie du Reich se remplit rapidement. De loin, on entendait les railleries, le vacarme et les fanfares, on entendait le bruit des bottes ; les meurtriers marchaient, on les acclamait...

Maintenant j'y suis, tout devant. J'ai poussé lentement vers la Chancellerie pour entendre et voir de plus près. La foule s'était étoffée, les gens se rapprochaient les uns des autres. La S.A. progressait dans la Wilhelmstraße. Je ne vois que les ombres des drapeaux suspendus dans la lumière vacillante des torches. J'entends toujours les bottes, j'entends leurs chansons : « *Peuple aux armes ! Peuple aux armes !* »

Et le roulement menaçant des tambours, toujours plus proche... La foule en délire. Comme s'ils applaudissaient une menace. Ne savent-ils donc pas à qui elle est adressée ?

Comment comprendre cette frénésie ? J'ai pourtant déjà vu des marches comme celle-là, lorsque je suis passée devant le Palais des Sports lors d'un rassemblement nazi. Mais je ne l'ai pas compris. L'enthousiasme pour la terreur, pour le meurtre, pour tout ce que nous détestons. Oui, bien sûr, je sais : la crise économique, le chômage, la démagogie nazie – malgré cela, ça me dépasse.

Autour de moi, des yeux brillent, des bouches crient, l'hystérie se déploie. Peut-être que tout le monde n'est pas venu ici pour applaudir mais, seulement, comme moi, pour prendre conscience. Je repère des visages curieux dans la foule ! Il s'agit de Berlin, après tout !

Marches, roulements de tambours... Puis, pendant un moment, le silence. Je devine ce qui se trame. Je sens que mes mains se serrent dans les poches de mon manteau.

– Les drapeaux dressés, les rangs serrés ! La S.A. se met en marche…

Des rangs d'assassins, on rugit, acclame et chante, le peuple rend hommage au proxénète…

Les regards se tournent vers la Chancellerie du Reich. Là, au deuxième étage, quelque chose se passe. J'ai tendu l'oreille. À la fenêtre : le « vieux maréchal » élu pour nous protéger de Hitler. Ovation sauvage ! Derrière lui, je vois une autre figure : c'est Meissner. Et maintenant le *Führer* apparaît, le bras levé, l'agitant comme dans une frénésie. Des hurlements assourdissants : « *Sieg Heil ! Heil Hitler !* »

– Vous, là ! N'avez pas de bras ?

Je l'avais repéré ! Et sa bouche était crispée.

– Vous avez un problème ?

Stupide. Qu'est-ce qui m'arrive ? Je ne pensais pas que tout le monde ici se joindrait à nous. Je ne pensais pas que quelqu'un me remarquerait. Comment sortir de là maintenant, je suis tellement coincée que je ne peux même pas bouger. Le premier, qui m'aboyait dessus, crie : « Est-ce que ce sera bientôt fini ? »

D'autres s'indignent : « Eh bien, je vais l'être, indignée ! C'est scandaleux ! Celle-là verra bientôt dans quelle direction souffle le vent. Stupide ! »

C'est vrai. Mais lever mon bras maintenant ne sauverait pas la situation et, de toute façon… c'est hors de question. Quelqu'un à côté de moi, une personne décharnée au visage émacié, me donne un coup, je titube vers l'arrière, m'écrasant contre la foule des gens. Il semble céder, un étroit espace s'ouvre, juste assez grand pour me pousser un peu davantage. De face, j'entends des grognements alors qu'on me bouscule toujours, lentement, vers l'arrière, je ne sais pas comment, impossible de lutter. La foule est comme un mur de caoutchouc vivant, il s'ouvre et se ferme et s'ouvre à nouveau, je suis reléguée de plus en plus loin, la foule s'amenuise enfin, maintenant il n'y a plus que des petits groupes de passants. Ne courez pas ! Marchez calmement. Continuez, continuez ! Oh, voilà la porte de Brandebourg. Il n'y a presque plus personne ici, encore quelques piétons. L'un d'eux passe devant moi avec son col relevé, sans me voir. Un autre, avec un foulard autour du cou, se précipite vers le Reichstag. Je peux reprendre mon souffle pendant un moment. Le bruit de la foule s'éloigne, et personne ne sait comment je suis arrivée ici. Je me reconnais à peine… Et où est cet homme au visage émacié qui m'a donné la première impulsion… ?

Nous pensions que nous étions préparés. Mais il nous reste beaucoup à apprendre, notamment que nous devons parfois lever le bras pour ne pas sombrer. Oui, cela coûtera de grands sacrifices. Mais nous ne devons pas avoir peur maintenant, la peur paralyse, nos voix doivent être entendues, maintenant.

Après tout, cette folie ne pourra pas durer éternellement.

Février 1933
Qui sait jusqu'où ça va nous mener...

Nous avons distribué tous les tracts. Pas vraiment, nous les avons laissés dans les cages d'escalier ou les avons glissés sous les portes : *Mort au fascisme ! La lutte continue !*

Aujourd'hui, nous nous sommes retrouvés chez Hedwig : nous étions huit. L'appartement est en sécurité, il n'est connu de personne. Que pouvons-nous faire maintenant ? Les journaux de gauche n'existent plus, les rassemblements et les réunions sont interdits. Notre littérature doit continuer à paraître, nous la diffuserons illégalement. On ne sait pas ce qui va se passer mais, une chose est claire, la terreur se propage. On murmure que des manifestations se tiennent dans différents endroits, ainsi que des grèves de protestation politiques, des mouvements spontanés. Mais, ici, à Berlin ?

En marge, des drapeaux rouges ont été hissés du jour au lendemain sur les cheminées de deux usines. !

Personne n'a été arrêté. On parle d'actes de sabotage, mais pas d'actions massives. Pas de grève générale. Avant tout, nous ne devons pas perdre le contact entre nous. Nous nous rencontrerons régulièrement, mais seulement par petits groupes, pas plus de cinq personnes. Les antifascistes les plus connus doivent d'abord disparaître de Kreuzberg. « Ils t'ont regardé, toi aussi », me prévient-on. « Essaye de te loger ailleurs pendant un certain temps. C'est ici qu'on te connaît ». Les descentes de la S.A. dans les lieux de travail et des logements sont de plus en plus fréquentes, de plus en plus brutales.

Devrais-je vraiment me planquer ?

Je ne connaissais pas Mme Schulz et sa sœur, mais Bruno avait parfois mentionné ses tantes. « Peut-être y a-t-il quelque chose à faire avec elles », a-t-il dit, je vais leur parler ce soir. À l'est de Berlin, personne ne te connaît.

Mme Schulz, veuve, et sa sœur célibataire, Mlle Gust, étaient toutes deux membres d'une chorale ouvrière, sinon, elles n'étaient ni politisées ni fichées à gauche. Bruno leur a expliqué de quoi il s'agissait, et elles ont compris ; elles ont réfléchi et m'ont dit que je pouvais venir chez elles, et on en parlerait.

Ce que j'ai vu s'apparentait à un rêve. Les sœurs avaient un magasin de bonbons dans la rue Gubener. C'était un magasin dont la clientèle était principalement composée d'enfants qui, sur le chemin de l'école, achetaient des friandises pour quelques *Pfennig*. Les sœurs n'habitaient pas là, mais occupaient un appartement à proximité. Le magasin lui aussi avait un petit studio attenant : une chambre spacieuse, une petite cuisine, une sorte de salle de bains, tout cela avec un deuxième accès direct depuis la cage d'escalier. C'était le seul logement situé au rez-de-chaussée. Pour le loyer, ça va aller, m'ont dit les deux sœurs, trop contentes de louer finalement en dehors de cette bande, vous savez, cette bande de... Je n'aurai qu'à payer le gaz. Elles m'expliquaient que, comme elles n'occupaient pas eux-mêmes les lieux, il y avait à côté de l'entrée un distributeur automatique où je pouvais introduire des sous pour avoir le gaz pour cuisiner et repasser. Dans l'appartement il y avait un grand lit et quelques vieux meubles.

Il est préférable pour moi, a déclaré Mme Schulz, que vous entriez et sortiez par la porte de la maison, depuis la cage d'escalier, le moins possible, bien sûr, et de préférence seulement une fois par jour. Je peux vérifier de l'autre côté de la rue si tout va bien. Mais, en cas d'urgence seulement, par exemple s'il y a des gens dans le couloir de la maison, je peux entrer dans l'appartement par le magasin et me glisser à l'intérieur. Il n'y a rien de mieux à faire !

Bien sûr, j'ai dû annuler mon domicile de Kreuzberg, ne serait-ce que pour ne pas créer de problèmes aux gens de là-bas. Je ne m'y sentais pas très bien, car les deux arrestations pour participation à des manifestations illégales antifascistes figuraient dans mon dossier. Mais la désinscription s'est passée sans problème ! Je me demande même si la police ne préférait pas, dans certains cas, fermer les yeux plutôt que d'aider les bruns.

J'étais illégale.

J'ai juste pris le strict nécessaire dans l'appartement de la Place Belle-Alliance, rue Gubener, et j'ai mis les autres affaires dans l'appartement de mes parents. J'ai choisi quelques livres qui me paraissaient particulièrement importants, uniquement ce que je pouvais emporter discrètement. Bruno m'a aidée à déménager, parce que personne à part lui et Lucie, ma plus proche amie, ne devait connaître ma nouvelle adresse. J'ai emballé quelques écrits, papiers et notes. Puis j'ai mis ma vieille machine à écrire portative dans un sac de courses avec des légumes tout autour. Sur les machines à écrire, la police était particulièrement méfiante, comme si on pouvait les utiliser à des fins de haute trahison. J'ai fini par emballer mon phonographe bien-aimé et quelques disques, en particulier les chansons de l'Opéra de quat'sous. Même Marlene Dietrich et son « Johnny, quand c'est ton anniversaire ».

Bruno a demandé à Mme Schultz et à Mlle Gust si elles pensaient que je pouvais mettre mon livre d'adhérent de gymnastique libre (athlétisme et tennis) entre les boîtes poussiéreuses du haut de l'étagère – je ne pouvais tout simplement pas me résigner à le jeter. Elles ont dit : oui. Dès que tout cela sera fini, vous le récupérerez, et vous pourrez continuer à faire de la gym. J'ai réfléchi et j'ai rangé le livre d'adhérents du ZdA (Fédération centrale des employés). Qui pouvait dire combien de temps tout cela allait durer ?

Si vous êtes illégale, ils ne peuvent pas juste vous sortir de l'appartement et vous faire descendre dans une cave. Ce n'est pas facile de vivre illégalement,

Lisa Fittko (à droite) en compagnie d'une cousine, Berlin 1930.

mais nous ne pouvions vraiment pas imaginer les difficultés avant d'y être confronté.

Très vite, j'ai perdu ma place à la banque, où je travaillais comme correspondante en langues étrangères. Mes engagements étaient connus, je n'en avais jamais fait mystère, au contraire. On m'a fait des remarques pointues, qui ressemblaient d'abord à de la simple raillerie mais, ensuite, j'ai ressenti de l'hostilité et même de la menace. Je n'avais pas encore compris qu'il était nécessaire de me taire au-delà d'une certaine limite : il y a eu cette violente confrontation politique et certains de mes collègues, portés par leur nouvelle fidélité au Fürer, m'ont ouvertement menacée de délation. Je suis sortie à midi, et je ne suis jamais revenue.

Mais, sans papiers, je ne pouvais pas envisager de travailler. Sans papiers, sans être légalement enregistrée, c'était sans espoir. Beaucoup d'anciens du mouvement ouvrier avaient bien réfléchi à la chose. Ils ont refusé l'illégalité, même si ça les mettait ouvertement en danger.

Peut-être trouverais-je un travail non déclaré pour traduire ou dactylographier quelque chose ? Il ne me faut pas grand-chose. Avec ce loyer modeste, je me contente de peu, pensé-je. Je peux aussi en parler à mon père. Je suis sûre qu'il va me donner un coup de pouce.

Nous devions absolument reprendre nos actions d'opposition. Nous avions sorti un journal avant les élections du 5 mars. Un journal interdit bien sûr, mais qui paraît régulièrement. Nous n'avions pas le droit d'abandonner !

À midi, j'ai rencontré Willi, Kurt et Max. Nous nous connaissions depuis longtemps, ça remontait à l'époque de la Fédération socialiste des étudiants. Ces trois-là étaient un peu plus jeunes que moi. On s'était donné rendez-vous dans un petit parc, je m'en souviens comme si c'était hier, mais je serais incapable de le situer. En tout cas, pas à Kreuzberg, je ne devais plus apparaître là. C'est ce qu'on m'a répété une fois de plus : je me suis dit que quelque chose devait se tramer, peut-être même qu'ils me recherchaient activement.

Nous devions trouver un endroit sûr pour écrire et éditer. Il fallait se procurer du papier, de l'encre, et bien d'autres matériaux. Avions-nous un caricaturiste ? Comment allions-nous assumer les dépenses ?

On s'est assis sur un banc dans le petit parc, et tu as parlé de la publication du journal illégal, en analysant la situation. Comment faire une réunion sur ce banc sans se faire remarquer, en baissant le ton mais sans chuchoter. On s'y est adapté naturellement, en faisant très attention à ce qui se passait autour de nous, attentifs à qui passait, s'il s'agissait de quelqu'un qui nous observait. Si nécessaire, nous changions rapidement de sujet. Nous simulions un fou rire. Nous allions passer trois jours à nous rencontrer. D'ici là, tout devait être prêt. À la même heure, mais dans un autre parc.

Mon père a dit qu'il voulait me parler, qu'il était en ville, et qu'on se retrouverait le soir dans mon restaurant préféré, *Csarda blanc,* rue du Commandant. J'avais hâte de retrouver le goulash de poulet, le meilleur de Berlin, vraiment hongrois. Et aujourd'hui, je pouvais me le permettre parce que mon père paierait.

Je lui ai exposé mes difficultés : pas de statut, pas de curriculum, je ne peux trouver que du travail occasionnel. J'avais besoin d'argent pour m'en sortir. Pas grand-chose, je pouvais me débrouiller avec peu : avec une petite subvention mensuelle de lui, j'y arriverais certainement. J'ai donc demandé à mon père sur quel montant je pouvais compter.

– Désolé, a-t-il dit, on ne peut pas du tout t'aider, pas avec de l'argent. Je veux être sincère avec toi.

Je l'ai regardé avec surprise. Je le connaissais, et je savais qu'il n'avait jamais pu me dire non. Mais là, son ton ne laissait aucun doute : il fallait accepter la réalité.

– Pourquoi ?

– Parce qu'on ne peut plus.

Ma mère et lui se sont demandé, ces dernières semaines, s'ils pouvaient continuer de vivre dans ces conditions. Ils venaient juste de déménager, pour des raisons de sécurité. Mais, aujourd'hui, tout semblait encore se précipiter, pire que tout ce qu'on avait imaginé. On ne pouvait plus respirer dans ce pays ni même envisager des possibilités à l'étranger. L'entreprise de mon père lui a assuré qu'elle l'aiderait via ses succursales en dehors de l'Allemagne. Cela lui sera certainement utile dans cette situation. On a probablement aussi pensé qu'avec cette offre on se débarrassait d'un Juif gênant qui occupait un poste de direction en Allemagne.

Les économies de mes parents ne suffiraient plus que pour une courte période, car ils devaient retourner à Berlin et délaisser le logement payé un an à l'avance. Le gendre du concierge a rejoint la S.A. et a annoncé qu'il serait stupide de la part des Juifs de ne pas s'adapter et de se créer ainsi des difficultés.

Bien sûr qu'ils s'inquiétaient pour moi. Ma mère était très agitée, déjà qu'en temps normal elle avait des problèmes avec ses nerfs. Hans a également l'intention de ne rester que quelques mois jusqu'à l'obtention de son doctorat et de voir ensuite s'il peut trouver un emploi à l'étranger, peut-être en France. Ce qui serait raisonnable pour moi, ce serait de partir

Les parents de Lisa Fittko à Berlin en janvier 1933.

avec mes parents à Prague ou à Vienne, où je pourrais probablement trouver du travail.

– Hors de question ! dis-je, je ne peux pas partir d'ici maintenant.

– Tu ne peux pas non plus rester ici, dans ta situation. Tu mets les autres en danger.

– Vous voulez absolument me communiquer votre anxiété ? Le plus dangereux serait que je perde mon sang-froid ! C'est ce que vous voulez ?

– Pas si fort !

– Papa, je ne peux pas partir. On ne peut pas s'enfuir. Je ne suis pas un déserteur.

Mr. White nous a raccompagnés jusqu'à la porte.

– Monsieur le Directeur, a-t-il dit en serrant vigoureusement la main de mon père, nous aurons un sale Szof…

Une fois dehors, j'ai demandé : « Qu'est-ce qu'il veut dire par un mauvais Szof ? »

– Szof est un mot yiddish ma fille. Ça signifie la fin.

Un signe du ciel
L'incendie du Reichstag

Il y avait encore un peu de sous dans la machine à gaz, je me tenais justement près de la cuisinière et je faisais bouillir de l'eau pour le thé, quand j'ai entendu la porte du magasin s'ouvrir. Un léger coup de pied, et Bruno se tenait dans l'appartement. Que s'est-il passé, il ne m'avait encore jamais fait ce coup-là ; il sonnait habituellement deux fois à la porte d'entrée, d'abord un temps court, puis un peu plus long. Le magasin devait déjà être fermé. Oui, je me suis souvenue que Bruno avait la clé. Il a refermé la porte derrière lui et, en quelques enjambées, a rejoint la cuisine par le couloir. Dès que je le vis, je sus que quelque chose n'allait pas.

– T'as entendu ? dit-il à voix basse.

– Quoi ? Qu'est-il arrivé ?

– Le Reichstag est en feu. Il faut se dépêcher !

– Pourquoi cette précipitation ! Qu'est-ce qui brûle au juste ? Le Reichstag, dis-tu ?

– Oui… Écoute-moi. Ils ont mis le feu au Reichstag et aimeraient faire porter le chapeau par les communistes. Hitler a hurlé : *Un signe du ciel !* C'est en fait un coup d'envoi pour répandre la terreur. Arrête l'eau pour le thé. Il faut se dépêcher ! As-tu du matériel dans l'appartement ou chez toi ? Et les tracts que j'ai laissés ici, tu les as encore ? Où ? Nous devons d'abord faire disparaître les noms et les adresses. Tu as noté des rendez-vous ? Passe tout le bureau en revue. Je m'occupe des livres…

Nous sommes entrés dans la chambre, j'ai commencé à vider les tiroirs de l'ancien bureau bancal. Bruno s'est dirigé vers la bibliothèque.

– Bruno, penses-tu vraiment qu'ils pourraient venir ici ? Personne ne connaît cet appartement !

– Es-tu certaine de n'avoir glissé aucune note dans un livre ? m'a-t-il demandé depuis la planche à livres. Ici, dans cet appartement, on ne sait jamais. Il peut y avoir un voisin qui a vu quelque chose, qui sait ce qui s'est passé, et qui voudrait se faire aimer de certains… As-tu de la littérature compromettante ou des brochures ailleurs ?

– Non. J'en suis tout à fait certaine. Tu as raison, on n'est jamais assez prudent. On ne peut pas tout prévoir. Voici la note avec l'adresse à Gesundbrunnen où nous pourrions mettre le système de retraite. Veux-tu que je le branche ? Non, je préfère le mémoriser, faisons disparaître tout ce qui pourrait gêner.

Ce n'était qu'un petit stock de papiers qui devait être détruit, nous avions été prudents. Quelle était la façon la plus sûre ? On a alors tout déchiré en minuscules morceaux et on les a passés par les toilettes. Il a fallu un certain temps, car nous ne voulions pas tirer trop souvent les chasses les unes derrière les autres, on aurait pu l'entendre des autres appartements. Ça aurait pu se remarquer.

– Finalement, prépare le thé, a dit Bruno. Et puis j'irai faire le ménage chez moi.

Le lendemain, j'ai rencontré Kurt, Max et Willi (nos noms d'emprunt), de la rédaction. Nous étions tous au rendez-vous à l'heure convenue, cette fois à Friedrichshain. Cela se passait dans une partie du parc où jouaient principalement de jeunes enfants, le plus souvent gardés par leurs frères et sœurs plus âgés – un bon endroit, un endroit discret.

– À Kreuzberg, ils ont fouillé partout. Ça a pris toute la nuit, a dit Max.

Max avait environ dix-huit ans, on l'appelait Oncle Max, je ne sais pourquoi. C'est en tout cas aussi comme ça qu'il était connu par les nazis. On avait grandi ensemble et on se connaissait depuis l'école.

Ils se trouvaient dans les locaux de travail vides et, armés de pistolets, de couteaux et de gourdins, ils avaient frappé en détruisant tout alentour sans distinction. Dans la rue, ils avaient tabassé tous ceux qu'ils prenaient pour des communistes. Plusieurs personnes avaient été blessées par arme blanche. La police était absente. Seule la S.A. déambulait dans les rues, traitait les propriétaires d'antifascistes, harcelait les familles, l'organisation enlevait les hommes. Cela signifiait qu'on les avait emmenés rue Hedemann dans les sous-sols de la caserne de la S.A.

– Ils ne vous ont pas inquiétés ?

– Non. Nous vivons maintenant plus de l'autre côté de la gare, ce quartier n'est pas considéré comme rouge.

Willi a vécu l'horreur de la « tempête 33 » (à vérifier ??) pendant la nuit de Charlottenburg. On pouvait s'attendre à ce qu'il y ait un grand nombre de victimes. Ces dernières semaines déjà, les meurtres d'antifascistes s'étaient multipliés, non seulement des communistes, mais aussi des adeptes du Reich.

On s'est vite mis d'accord pour changer notre plan. L'essentiel maintenant était de sortir rapidement notre prospectus. Le journal devra attendre un peu. Quelque chose ne s'était pas passé comme prévu avec le système de retrait à l'appartement. Nous avons toutefois pu réaliser des hectographies (???), dont les gros titres ont été :

Qui sont les vrais pyromanes ?
Qui sont les assassins ?
Front commun contre le terrorisme fasciste !

Nous avons voulu expliquer comment lutter contre la terreur. Mais le problème était justement là, comment ?

L'Action « Antifasciste de Charlottenburg » avait distribué quelques jours plus tôt, un prospectus dans lequel elle appelait à la mise en place d'escadrons communs de protection des maisons contre le terrorisme. L'« autoprotection » pouvait-elle être notre réponse ? Cela pouvait-il avoir du sens, être possible ? Hier, peut-être. Mais plus aujourd'hui. Nous en étions à la terreur d'état.

Mais le combat continuait malgré tout.

Willi a rédigé le texte du folder. Kurt et moi avons imprimé le prospectus. Oncle Max a dû trouver encore quelques personnes pour aider à la distribution.

Ce que nous ne pouvions pas encore savoir, c'est qu'à cette heure-là, les arrestations massives avaient déjà eu lieu : tous les députés communistes, intellectuels libéraux et de gauche, les hommes et les syndicats, mais aussi un certain nombre de travailleurs syndicaux – des milliers de personnes – avaient été placés en détention préventive. Nous ne l'avons appris que le lendemain.

La distribution des tracts a parfaitement fonctionné.

À dix heures du matin, j'avais rendez-vous avec Walter à un coin de rue près de la Wittenbergplatz. Il m'avait fait dire qu'il voulait discuter de quelque chose avec moi. J'ai décroché ma veste d'hiver du cintre et j'ai aussitôt pensé, est-ce que tu ne choisirais pas plutôt le manteau de printemps gris clair ? Lorsqu'on allait du côté de Tauenzien il était utile de ressembler aux gens du coin. Ne pas se faire remarquer, surtout !

Après avoir fait le tour des triangles d'aiguillages, j'ai vu Appel plus loin debout dans un couloir. Lui aussi m'a vu, et il s'est lentement approché de moi, jusqu'à ce que nous soyons très proches. Nous savions tous deux que nous n'étions pas censés nous connaître lors de telles rencontres fortuites ; en revanche, il était toujours possible que l'un soit suivi. Mais ces règles étaient tellement contre nature qu'on devait aussi vivre sans elles, on les transgressait, malgré le danger qui nous avait terrorisés ces dix derniers jours.

Il y a des moments qu'on n'oublie jamais. J'ai vu comment Appel a saisi la rambarde, celle à laquelle je m'étais accrochée moi-même. Il plaçait son autre main dans la poche de son pantalon et se tenait détendu, à côté de moi, comme si de rien n'était.

Ce n'est que lorsque je l'ai regardé que j'ai compris qu'il n'était pas « naturel ». Appel – qu'on surnommait ainsi à cause des taches roses qu'il avait sur le visage lorsqu'il était gamin – a vu gris lui aussi. Il a légèrement incliné la tête et a dit :

– Tu sais, Erich ?

J'ai secoué la tête et je l'ai interrogé du regard. Comme il semblait tourmenté, j'ai compris, mais sans le vouloir, et une frayeur que je n'avais encore jamais ressentie m'a envahie.

– Meier ? ai-je demandé.

Il m'a fallu une seconde pour me ressaisir et reprendre mon air imperturbable.

Il a hoché la tête.

– Aujourd'hui matin, a-t-il dit.

Nous étions le 11 mars.

Les yeux d'Appel allaient de l'un à l'autre. Personne ne nous épiait.

– Fusillé ! Dans un champ d'épuration.

Le train s'est arrêté. Nous étions proches de la Wittenbergplatz, je me suis rapidement approchée de la porte et je suis descendue. Je devais rencontrer Walter dans les temps. L'improvisation était dangereuse.

À l'époque, je n'ai rien appris de plus précis sur le meurtre d'Erich Meier. Je ne l'ai appris que bien plus tard.

Walter connaissait un petit café dans la Kleiststrasse où l'on pouvait se parler tranquillement. Depuis le 30 janvier, nous ne nous étions plus vus, après qu'il se soit assis parmi les joueurs d'échecs dans la pâtisserie de la Porte de Halleschen.

J'ai d'abord eu du mal à suivre Walter. Je voyais Erich, devant. Puis Walter a crié du sous-sol où se trouvait la S.A., je l'ai écouté. Il énumérait des amis et des camarades qui avaient été enlevés. Certains avaient été relaxés après quelques jours de tortures cruelles ; on ne les reconnaissait plus ! C'est grâce à eux qu'on savait exactement ce qui se passait là. J'écoutais. Sous la table, j'ai senti mes ongles qui s'enfonçaient dans la paume de mes mains, mais j'écoutais. Ne pouvions-nous donc rien faire ?

– Voilà de quoi il s'agit, dit Walter. Il n'y a aucun rapport sur cette barbarie à l'étranger. Rien sur la rue Hedemann, rien sur toutes ces caves de S.A. à travers tout le pays. Si l'on pouvait seulement briser le silence ; mais nous ne devons pas nous faire de grandes illusions, il s'agirait juste d'un coup porté à l'impunité nazie, si la vérité sur les tortures et les meurtres pouvait être révélée à l'étranger. Cela pourrait avoir un effet.

– Mais il y a bien des correspondants étrangers ici, ai-je dit. Où sont-ils fourrés ?

– Ils sont aveugles, sourds et muets. Peut-être ne veulent-ils tout simplement pas voir. Peut-être sont-ils traumatisés. Ou alors l'international ne veut rien savoir afin de ne pas perturber les liens diplomatiques. Nous ne devrions pas leur faciliter la tâche.

Un ancien ami d'école de Walter était employé par un consulat sud-américain. Il avait ainsi le pouvoir d'utiliser les voies de communication diplomatique, et il était prêt à le faire si nous lui fournissions le matériel. Cela se serait répercuté dans divers pays à l'étranger via les agences de presse.

– J'aimerais aider, dis-je.

– Nous devrions rencontrer les personnes concernées, a dit Walter, bien sûr de manière très prudente. Si possible, il serait utile d'avoir des écrits de leur part. Ou nous devrions les laisser parler, et nous souvenir de tout, ne prendre notes que des faits marquants. Les photos sont aussi importantes : les plaies ouvertes, les vêtements ensanglantés...

– Oui, je te comprends...

Je l'avais interrompu.

J'ai pensé que j'étais à même d'écouter les rapports sans ciller. Et là, mes mains étaient moites sous la table.

Pourquoi ont-ils relâché certaines personnes alors que d'autres ont été retenues ?

– Ceux qui sont relâchés après les avoir été maltraités, dit Walter, sont les moins connus des antifascistes. La S.A. traîne plus de suspects dans la cave, et elle a aussi besoin de faire de la place. Il ne fait aucun doute qu'ils pensent aussi traumatiser la population par leurs exactions.

Walter avait rendez-vous à cinq heures de l'après-midi avec un jeune homme qui avait été relaxé de la rue Hedemann et transféré à la police ; il avait été libéré après quelques jours. Walter a suggéré que, cette fois-ci, nous le rencontrions tous les deux, j'étais d'accord. Mais cela m'a poussé à me balader en ville pendant des heures pour éviter d'entrer et de sortir à répétition de mon appartement. C'est la vie de clandestin que j'avais déjà eu l'impression de vivre et de revivre. Une telle journée a toujours été difficile à vivre pour moi : se promener, se promener encore dans un grand magasin, d'un département à l'autre, en faisant toujours attention à ce qui se passe, à essayer de se comporter comme un quidam. Manger dans un restaurant et boire une tasse de café, puis rester assis aussi longtemps que possible sans attirer l'attention. Marcher à nouveau, se reposer sur un banc dans un parc et lire un journal, puis faire des allers-retours en métro pendant un certain temps, mais surtout ne pas s'endormir ! Une journée sans fin !

On s'est finalement rencontrés dans un restaurant près du terrain de jeu Treptower. Walter avait déjà vu ce garçon : il s'appelait Franz. Je ne connaissais pas son vrai nom (moi, je ne l'ai jamais su). Il semblait plus vieux que je ne l'imaginais. C'était peut-être parce qu'il boitait. Nous nous sommes mis à une table, un peu à l'écart, pour pouvoir parler en paix. J'ai vu ses yeux gris trembler et cligner. Il nous a raconté. Et j'ai entendu la vérité pour la première fois de la bouche de quelqu'un qui l'avait vécu, et je voulais m'en souvenir à jamais.

Une visite de Tchécoslovaquie
Journée de boycott des Juifs

Lucie est passée le matin. Nous avions convenu que mes parents m'informeraient par elle s'ils devaient me parler.

— Ton cousin Fritz de Tchécoslovaquie est arrivé chez tes parents, a dit Lucie. Il aimerait te voir.

C'était une surprise ! Quelqu'un de l'étranger, mon cousin rouquin de Leitmeritz ! Il était un peu plus jeune que moi. Pourquoi était-il justement venu maintenant ? Oui, je voulais le voir, on avait sûrement beaucoup de choses à se raconter. Par exemple, ce qu'on racontait à l'étranger, ce que la presse relatait ? Fritz et moi nous nous étions toujours bien entendus, et nous étions toujours heureux de nous parler, de tout et de rien.

— Tu sais combien de temps il va rester ? demandais-je à Lucie.

— Juste quelques jours.

Ensuite je devais m'en aller et, pendant que je me préparais, Lucie a passé quelques disques. Puis Lotte Lenyas est arrivée à l'improviste, comme toujours. Encore une tasse de café, et on s'est levées et on s'est promenées dans le métro, comme à Kreuzberg. Nous n'aurions pas dû nous montrer aussi ouvertement, même dans ce coin, ça pouvait devenir dangereux. Mais à ce moment-là, surtout ces dernières semaines, c'était devenu si important d'être ensemble, ça nous aidait à tenir le coup.

J'ai pris le train pour Charlottenburg. Ce n'était peut-être pas très malin de me rendre au domicile de mes parents au lac Lietzensee. On ne pouvait pas éternellement éviter tous les dangers. On ne pouvait pas constamment réprimer ce qui faisait la vie. Autour de nous, il y avait le quotidien, dans la rue, dans le train, dans le parc, partout ; Mais nous, nous étions liés par des règles contre-nature. Et même si on parvenait à respecter toutes les conventions de l'illégalité, on progressait encore sur un fil qui se nommait hasard.

Et puis, tout ça n'était peut-être pas si dangereux. L'appartement n'était connu de personne, personne ne me chercherait là. Je voulais voir Fritz pour savoir ce qui l'avait amené et, qui sait, peut-être pouvait-il établir des liens avec l'étranger. Oui, je devais le voir, parce que parler au téléphone aurait été une erreur.

Lorsque je suis arrivée à l'appartement, Fritz était en grande conversation avec mes parents. Il était venu à vélo en toute hâte pour le compte de son père. Son père, notre oncle Robert, l'avait envoyé pour demander à notre famille de les rejoindre au

Lisa Fittko en compagnie de sa mère à Berlin en 1930.

plus vite à Leitmeritz ; La maison était assez grande pour tous nous accueillir. Fritz nous expliquait à quel point la situation en Allemagne était intenable pour nous ; et que nous n'avons pas pu prendre conscience de la situation aussi bien qu'eux depuis l'étranger. Mes parents et moi nous sommes regardés. Ils m'ont alors informée qu'ils avaient décidé de donner une suite favorable à cette invitation. Ils partiraient dans quelques jours en espérant que j'aurais réfléchi et viendrais avec eux, ou que je les rejoindrais vite.

– Comment ? Vous partez tout de suite ? Et vous laissez tout en plan ? ai-je crié. L'appartement ? Les livres ? Votre collection de disques bien-aimée ?

– Es-tu au courant de la Journée du boycott des Juifs, qui est annoncée pour le 1ᵉʳ avril ? a demandé ma mère. Je ne peux pas rester dans ce pays. Je ne peux tout simplement pas.

– Tout le reste est devenu sans importance, a dit mon père. Même les disques.

Il était prévu que mon frère Hans resterait pour une courte période. L'appartement était payé.

J'ai demandé à Fritz s'il y avait des difficultés pour franchir la frontière.

Non, il s'en était sorti à vélo. Mais, le lendemain, alors qu'il dormait à l'auberge de jeunesse de Luckenwalde, il n'a vu que trop tard que l'auberge était occupée par une troupe d'assaut S.A. Pour ne pas se faire remarquer, il a participé à une leçon d'instruction dont le thème était « Le fusil 98 ». Puis il y a eu une marche aux flambeaux en l'honneur de la rencontre entre Hitler et Hindenburg dans la crypte de l'église de la garnison de Potsdam. Quand Fritz a vu les casques à pointe au pas, il a commencé à rire – il avait failli oublier qu'il était dans le Troisième Reich. Mais le coup dans les côtes de son voisin l'a rappelé à l'ordre.

À Berlin, il avait trouvé notre appartement de la rue Steglitzer vide. Que s'était-il passé ? Comment allait-il pouvoir nous retrouver ? Fritz s'est souvenu d'un de nos voisins, qu'il avait rencontré lors d'un précédent passage, il s'est tourné vers lui. Ce Dr Glaubauf semblait très méfiant. Il lui a prétendu qu'il ne connaissait pas notre nouvelle adresse, mais qu'il essaierait de l'obtenir, il a conseillé à Fritz de revenir le lendemain.

Fritz avait besoin d'un logement pour la nuit. Comme il n'y avait pas d'auberge de jeunesse accessible, il a été renvoyé à l'asile pour les chercheurs d'emploi, où il a pu passer la nuit. Après la fermeture des portes et que les garçons se soient étendus sur leurs lits, quelqu'un a commencé à chanter. D'abord doucement, puis d'autres voix se sont fait entendre, de plus en plus de voix et de plus en plus fort. Fritz a écouté de toutes ses oreilles ! En plein milieu du Troisième Reich, ils chantaient :

Frères, au soleil, à la liberté !
Frères, à la lumière !

Ils chantèrent encore longtemps, des chants de liberté, et personne n'intervenait.

Quand Fritz et moi nous nous en sommes souvenus quarante ans plus tard, il m'a dit : « C'était comme un écho au centre d'une terreur aveugle. On les a vite contraints au silence. » À l'époque, je lui ai dit : « Nous, ici, nous cherchons désespérément des contacts avec ce genre de groupes, et toi, tu arrives de Leitmeritz tranquille sur ton vélo, et ils te tombent droit dans les bras. »

Le lendemain, Fritz retourna à Steglitz, et le Dr Glaubauf lui donna cette fois notre nouvelle adresse de la rue Suarez à Charlottenburg. Il lui expliqua qu'il avait rencontré mon père dans la soirée. En fait, par précaution, il avait demandé à mes parents s'il

Fritz Schalek en route de Leitmeritz vers Berlin.

pouvait communiquer l'adresse au neveu. C'est ainsi que Fritz put remplir sa mission de nous pousser à fuir l'Allemagne.

J'ai demandé ce qui avait bien pu, brusquement, pousser son père à nous inviter. Que savait-on au juste là-bas de ces contraintes ? De la terreur ? J'ai appris que l'oncle Robert, conseiller régional de la Province, avait jusqu'alors considéré que les rumeurs venant de l'autre côté de la frontière étaient exagérées, que de telles horreurs étaient tout simplement impossibles. Puis, un article paru dans un journal crédible de Prague, sorte d'inventaire émaillé de nombreux détails à propos des entorses faites à la loi, sur la pratique de la torture, l'antisémitisme généralisé. L'article avait fini par le convaincre. J'ai écouté et pensé : est-ce que quelqu'un nous écoutait donc à l'étranger ? Alors notre travail ne serait pas vain.

Nous avons parlé longuement et nous aurions aimé continuer à parler, mais le temps manquait et l'après-midi était déjà bien avancée, j'avais encore beaucoup à faire : nous avions publié des tracts, et il me fallait les récupérer pour les livrer à trois endroits différents chez des amis qui allaient reprendre leur diffusion. Je n'avais pas mon vélo avec moi. J'ai demandé à Fritz si je pouvais emprunter le sien. Il a accepté tout en ajoutant : « Peut-être puis-je aussi t'aider ? »

J'ai réfléchi un instant. C'était bien entendu plus facile à deux. Fritz pouvait attendre en bas avec le vélo et les paquets pendant que je montais les escaliers aux différentes adresses pour les livrer, cela m'évitait de devoir trimballer toute la cargaison avec moi. C'était surtout plus sûr. Mais pouvais-je m'engager à faire ça ?

– Fritz, ai-je dit finalement, il s'agit de littérature illégale. Tu comprends ce que cela signifie ? Peut-être devrais-tu rester en dehors de ça.

– Je comprends, a-t-il répondu, mais je veux aider. Je veux vraiment aider.

Entre-temps la nuit était tombée. On est partis, moi en amazone sur la barre du vélo. Il ne s'agissait pas de grandes distances ; nous prenions des sacs de courses traditionnels contenant trois petits paquets et nous nous rendions aux différents points de contact. Chaque fois que je montais les escaliers jusqu'aux appartements, pendant que Fritz attendait en bas avec le matériel, je me disais : si seulement ça pouvait marcher ! Je n'aurais peut-être pas dû l'impliquer dans cette combine.

Je ne fus soulagée qu'après deux heures lorsque nous sommes arrivés au bout de notre tâche. Tout avait marché comme sur des roulettes. Nous nous sommes mis d'accord pour qu'il nous transmette son adresse en tant que contact à l'étranger. Oncle Robert, le juge, n'avait pas besoin d'être au courant. Mes parents s'y étaient préparés. Ils ont quitté l'Allemagne quelques jours plus tard.

Quand, le 1ᵉʳ avril, j'ai croisé la place Alex, j'ai vu une foule qui se rassemblait à l'autre bout, près de la station des S-Bahn. Le bruit des slogans diffusés par les haut-parleurs couvrait la place : « N'achetez rien aux Juifs ! » Et d'autres slogans que je ne comprenais pas.

Je me suis approchée. Les uniformes bruns formèrent une longue chaîne entourant l'entrée d'un petit magasin de chaussures. Les vitrines étaient barbouillées d'étoiles de David. Personne n'entrait dans cette boutique, mais la S.A. faisait du bruit et agitait des pancartes avec « Crève, sale Juif ! ». Les gens se baladaient alentour.

À travers la vitrine du magasin, j'ai remarqué un jeune homme, très petit. Il avait l'air effrayé, ou était-ce juste une idée que je me faisais ?

Je me suis frayé un chemin à travers la foule et lentement, j'ai commencé à dépasser les deux rangs de S.A., ils me regardaient sans vraiment y croire. Puis l'un d'eux s'écria : « N'achetez rien chez le Juif ! » et d'autres entonnaient à sa suite. J'étais à mi-chemin des rangs quand quelqu'un sur ma droite m'a soufflé à l'oreille : « Es-tu folle ? Disparais sur-le-champ ! » J'ai vu les nouvelles bottes, l'uniforme marron, et un visage que je connaissais, mais d'où ? Sûrement à une réunion. Un anonyme, un de ceux qui disent : « Maintenant, le moment est venu de collaborer », je l'ai dévisagé pour me souvenir de lui. Je progressais lentement, je montais les quelques marches avant d'entrer. Il y avait beaucoup de cris derrière moi.

Le commerçant – ou était-ce juste un employé ? – m'a paru traumatisé. Il essayait de se reprendre et a dit tant bien que mal : « Oui, s'il vous plaît, que puis-je ? »

– Excusez-moi, ai-je dit, je n'ai pas besoin de chaussures, et je n'ai d'ailleurs pas d'argent. Je suis juste venue pour que vous sachiez que vous n'êtes pas tout seul. Donnez-moi une paire de chaussures à essayer, taille 39, ensuite je m'en irai...

Je me suis assise. Il avait l'air malade. Il apportait des boîtes et, quand j'ai vu ses mains trembler, j'ai eu une bouffée de colère.

– Vous n'auriez pas dû faire ça, me murmura le jeune homme.

Quand je suis sortie, j'ai traversé les rangs de S.A. en regardant tout droit, je me suis bouché les oreilles face à leurs injures et j'ai traversé Alex en direction de la préfecture de police. Et je me suis dit : « Comment ai-je pu, moi qui suis illégale ! »

Pâques

Cela faisait déjà un mois que nous avions commencé à travailler sur le projet du journal. Il a été reporté à plusieurs reprises et, aujourd'hui en avril, après tout ce qui s'était passé pendant ce mois, il nous fallait revoir l'ensemble depuis le début.

Avant tout, où allions-nous pouvoir travailler ? Tout était devenu plus compliqué. Dans un parc ? Impensable. Dans un restaurant ? Dans un appartement ? L'habitation de celui qui était légalement domicilié n'était pas en sécurité.

– Vous pourriez vous rencontrer n'importe où dans le coin, a suggéré Bruno. Dans une région plus « sûre », un jour de la semaine. Mais seulement à vous deux, comme s'il s'agissait d'un couple d'amoureux.

Et où allais-je trouver une machine à écrire ? Dans mon quartier de la Gubener Straße, ça ferait beaucoup bruit... Dans un immeuble, il y a toujours des gens curieux à l'affût de tout ce qui est inhabituel.

Bruno avait aussi une solution : il était en contact avec quelqu'un qui possédait une machine à écrire dans une maison de santé où je pourrais taper les plaques pour l'impression. De préférence le jour même, ou le lendemain, pour que je n'aie pas à trimballer ce truc trop longtemps.

J'ai rencontré Kurt le mercredi matin à dix heures, à la station de métro La-Case-de-l'Oncle-Tom, et nous avons pris ensemble la tangente. Là où nous allions j'étais comme chez moi, je connaissais tous les recoins. Jadis, nous nous y rendions souvent pour faire du vélo ou aller nager. Il faisait encore frais, malgré le soleil qui pointait. Plus on s'enfonçait dans la forêt, plus on se sentait isolé. On ne rencontrait personne.

Nous nous sommes assis à l'écart sous un grand arbre. Le tronc nous cachait un peu. Le sol étant encore humide de rosée, j'étendais mon manteau. Je me suis allongée sur le ventre et j'ai gardé le bloc sous moi, afin de pouvoir le dissimuler rapidement. Nous parlions à voix basse et, alors que j'écrivais, Kurt jetait un coup d'œil alentour. Nous étions visiblement en sécurité, et le travail avançait bien et rapidement – il y avait tellement de choses à écrire !

« Quelqu'un vient ! » a soudain dit Kurt. J'ai rapidement dissimulé le bloc sous moi et j'ai regardé. J'ai moi aussi entendu des pas.

Un vieillard en manteau, chapeau et canne, apparut sur le sentier avant de s'éloigner lentement.

– ... aujourd'hui ils m'ont libéré, mais demain il me faut retourner au bureau, dis-je.

– Ce week-end, on ira quelque part, a répondu Kurt.

Il s'est approché de moi et a mis son bras autour de mes épaules.

Rien qu'à sa démarche bancale, ce vieux promeneur ne pouvait pas être un flic, encore moins un membre de la S.A. Il nous a regardés et a poursuivi son chemin. Après tout, de notre côté nous avons continué à parler du week-end à venir, j'ai ri un peu, jusqu'à ce qu'il disparaisse. Il n'y avait pas de raison de s'en faire, un vieux ne pouvait-il pas tout simplement venir se promener ici. Quoi que...

– Soufflons un moment, ai-je suggéré à Kurt (qui voulait continuer). Le vieux pourrait très bien revenir sur ses pas...

Mais il n'est pas revenu. Et plus personne n'est passé, nous avons pu travailler longtemps. De temps en temps, nous nous levions pour étirer nos membres.

Enfin, nous sommes retournés ensemble à la gare de Krumme Lanke et, par mesure de précaution, nous y avons repris des trains séparés. J'avais glissé le sténogramme sous mon chemisier.

Le lendemain matin, jeudi, comme convenu, j'étais à dix heures cinq sur le quai de la gare de la Friedrichsraße. Je portais le bloc sous mon chemisier. Bruno avait tout organisé. Maria devait me rencontrer ici et me conduire dans l'appartement où se trouvait la machine à écrire.

J'ai lentement remonté et descendu le quai à la recherche de Maria. Je la connaissais par Bruno ; elle était ronde, blonde foncée et de quelques années mon aînée. Visiblement, elle n'était pas encore arrivée. Soudain, mon regard est tombé sur Walter ! Walter ? Assis seul sur un banc. Que faisait-il là ? Il avait dû me voir, puisqu'il me fit un signe imperceptible. Nous n'étions pas censés nous connaître. Mais c'était quand même Walter ! Je me suis arrêtée un instant, j'ai regardé autour de moi, puis j'ai traversé lentement et j'ai été m'asseoir à côté de lui, sans m'adresser à lui.

– Prends-tu aussi le train vers le nord ? demanda-t-il.

– Oui.

– Tu attends quelqu'un ?

– Oui. Et toi ?

– Moi aussi. Nous irons certainement ensemble.

J'ai vu l'horloge de la gare, elle indiquait neuf heures moins dix. J'ai regardé autour de moi, mais Maria n'était pas encore là. Bon, quatre minutes, on ne pouvait pas non plus être si ponctuel.

– Tu attends Marie ?

J'ai hoché de la tête.

– Je suis persuadé qu'elle ne va pas tarder, a déclaré Walter.

On s'est assis l'un à côté de l'autre et on est restés silencieux. Un train est entré en gare, j'ai regardé les portes s'ouvrir puis les gens qui descendaient. Je cherchais quelqu'un avec des rondeurs, blond foncé ? La voilà… Non, ce n'était certainement pas elle. Je ne devais pas me focaliser sur la couleur des cheveux, Marie s'était peut-être fait une coupe à la garçonne et portait un chapeau. Nous portions soudain tous des chapeaux parce que ça nous donnait l'air plus bourgeois. Marie ne se trouvait pas parmi les voyageurs.

J'ai à nouveau louché sur la grande horloge. Il était dix heures et quart. J'étais mal à l'aise. J'ai regardé Walter, qui semblait tout à fait détendu.

Il n'y avait personne à portée de voix.

– On ne devrait pas attendre plus de dix minutes, ai-je dit.

– Tu as raison... en théorie. Mais ça ne marche pas comme ça. Si on suit toutes les règles à la lettre, on n'avance plus.

On a attendu.

– Dix heures dix-huit ! ai-je annoncé.

– Encore un peu, a dit Walter. Je suis sûr qu'elle va arriver. Je dois absolument y aller aujourd'hui, je ne peux pas le déplacer.

– Dix heures vingt. Ça fait maintenant quinze minutes de retard.

– Écoute, a dit Walter, je connais l'appartement, j'y suis déjà allé. Je n'ai pas l'adresse, mais je me souviens précisément de la rue et de la maison, je peux facilement la retrouver. Marie a probablement eu un imprévu, nous pouvons très bien y aller sans elle. Qu'en penses-tu ?

– Il n'en est pas question ! Ce sont des erreurs à ne pas commettre. Nous avons poireauté ici une vingtaine de minutes, quelque chose cloche, c'est clair. Nous devons nous volatiliser.

– Tu as probablement raison, dit Walter. Oui, probablement. C'est juste que quelqu'un m'attend là-bas... Mais tu as raison, il ne faut pas faire ça...

Il hésita encore un peu, puis se redressa, regarda une dernière fois dans ma direction avant de se diriger vers la sortie à droite. J'ai attendu un peu, puis j'ai tourné les talons à gauche vers l'escalier mécanique.

Devrais-je rentrer à la maison ? Peut-être était-ce plus prudent d'attendre encore un peu. Quelque chose avait mal tourné. Et moi j'avais tout le texte du journal sous mon chemisier, que j'avais choisi large pour qu'on ne puisse pas voir ce qu'il y avait en dessous.

Je me suis promenée un moment dans la direction du parc. J'aurais pu me rendre au musée. Mais à ce moment-là le musée ne m'attirait pas du tout ; je ne me sentais pas très bien, j'avais la migraine. J'ai donc continué à errer, jusque chez Alex, je me suis installée chez Aschinger et j'ai commandé une tasse de café, qui n'a pas calmé mes maux de tête. Qu'a-t-il bien pu arriver à Marie ? Peut-être ai-je exagéré ; peut-être n'était-ce qu'un imprévu, inoffensif. Finalement, je ferais mieux de rentrer chez moi et de m'allonger.

À travers la vitrine, j'ai vu qu'il y avait des clients dans le magasin, dont une femme avec deux enfants. C'est la raison pour laquelle j'ai préféré passer par la porte de l'habitation. J'ai marqué une pause dans le couloir. Prudence ! me suis-je dit. Le calme régnait pourtant dans la cage d'escalier, et je progressais en silence dans le couloir vers la porte de l'appartement… J'ai mis la clé dans la serrure, je l'ai tournée lentement et j'ai entrouvert la porte. Ai-je perçu un bruit ? Je fus surprise. Dans la pénombre, j'ai cru voir quelqu'un à la porte, je tremblais. Est-ce… le moment ?

– C'est moi ! dit la voix de Bruno, avant que je ne referme la porte de l'intérieur.

Lorsqu'il a verrouillé la porte derrière moi, j'ai vu sa main trembler sur la poignée.

– Tu es de retour ?

– Oui, qu'est-ce que tu fais ici ?

J'ai dû m'éclaircir la voix.

– J'attendais Marie.

– Et elle n'est pas venue ? a-t-il demandé inquiet.

– Sais-tu quelque chose ? Que s'est-il passé ?

– Marie se trouve dans l'appartement avec la machine à écrire.

Il m'a pris par le bras et m'a poussé dans la chambre, et j'ai mesuré les efforts qu'il faisait pour se calmer.

– Elle y est retenue par la Gestapo, ils attendent que quelqu'un vienne la voir. Ils n'ont pas réussi à la faire parler, sinon ils seraient venus t'arrêter à la gare de Friedrichstrasse. Personne ne sait qui d'autre a pu tomber dans le piège. Trop de gens connaissaient l'appartement.

– Comment sais-tu tout ça ?

– Quelqu'un y est allé, il a eu un pressentiment et a pu s'enfuir.

– Et maintenant ? dis-je. Peut-on encore prévenir quelqu'un ? Pouvons-nous aider Maria ? Et là, le journal, le texte, où puis-je le taper ? Y a-t-il quelqu'un qui pourrait se rendre là-bas et qui connaît mon adresse ici ?

Mes pensées s'entrechoquaient.

– Ces maux de tête ! Comme si quelqu'un me frappait sur la tête avec un marteau. Je dois vraiment m'allonger un moment. Peux-tu encore rester un moment, Bruno ?

J'ai pris une aspirine, je me suis allongée sur le lit et je me suis aussitôt endormie.

Lorsque je me suis réveillée, j'avais l'esprit plus clair. Bruno était encore là. Il n'y avait qu'une seule possibilité : je devais taper le journal ici sur ma machine à écrire. On a mis une épaisse couverture sous la machine pour amortir le bruit. En plus, on allait passer des disques pour couvrir le tout.

– Voici ! a dit Bruno en retirant un disque de la pile, la marche triomphale d'Aida ! Ça va faire un sacré raffut...

Les plaques de cire stockées derrière les livres suffiraient pour le journal. Bruno a placé Aida sur le plateau, j'ai commencé à taper et, à la fin de la marche, Bruno l'a remis en route. Ça grondait dans mes oreilles, je tapais aussi vite que possible, je me suis dit : si je réussis ça, je ne veux plus jamais entendre Aida. Je ne veux plus entendre de marche du tout, de toute ma vie.

Il s'agissait de quatre pages. Nous avons d'abord détruit le sténogramme, puis j'ai enfourché le vélo et, avec les plaques de cire dans une sacoche, nous nous sommes rendus chez Kurt, où se trouvait la presse. Tout se déroulait comme prévu. On était jeudi soir.

Kurt nous a dit qu'il n'avait pas besoin d'aide pour presser. Mais par ailleurs, nous avons dû faire appel à de nouvelles recrues pour la distribution ; nous en avions perdu quelques-unes, dont oncle Max, qui avait dû disparaître.

– Que s'est-il passé depuis ? Est-il seulement en sécurité ?

– La S.A. l'a pourchassé dans tout Kreuzberg. Maintenant, il a disparu dans un camp de tentes.

Ces campements de fortune, le plus souvent installés aux abords des lacs de la région, étaient apparus dans le courant de l'année écoulée. Beaucoup de frères occasionnels y passèrent l'été et s'en sont servi pour s'entraider ; Dans les fermes, on leur donnait des œufs et du lait et, parfois aussi, du travail de jour. Ni la S.A. ni la Gestapo n'avaient jusqu'alors prêté attention à ces camps de fortune, ce qui a permis à certains fugitifs de s'y cacher.

Nous avions donc besoin de recrues pour la distribution de notre littérature. Kurt nous a expliqué que Willi s'était fait de jeunes amis qui souhaitaient participer.

Pourquoi étaient-ce toujours des jeunes ? Les « vieux », qui avaient tellement d'expérience, n'étaient-ils donc pas de la partie ?

Kurt et son père se prenaient la tête. Le vieux était un ancien syndicaliste qui avait participé à de nombreux combats.

– Ce que vous faites n'est pas seulement insensé, avait-il dit à Kurt, c'est aussi absurde. Le travail illégal est devenu inutile, vous multipliez le nombre de victimes, et qu'adviendra-t-il des familles ? Vous n'avez pas le droit de faire ça !

Ce que le père de Kurt avait dit me poursuit. Il avait tort ! Nous devrions garder le silence sur les crimes ? Qui dirait la vérité ? N'y aurait-il aucune résistance ? Aurions-nous dû abandonner ?

Nous n'avons pas abandonné.

À Pâques, nous avions l'habitude de partir avec des amis en randonnée. Certains pensaient qu'il fallait le faire à nouveau cette année. Pour se retrouver une fois de plus. Parler de ce qui s'était passé. De ce qui se passe, de ce qui va arriver et de ce qu'on pourrait faire. Et, comme l'a suggéré Karl, l'ami de Bruno, peut-être aller suivre une conférence sur le matérialisme historique. Mais n'est-ce pas trop dangereux de rencontrer ouvertement un groupe plus étendu et d'avoir des discussions politiques ? disaient les autres. La plupart pensaient qu'il suffisait de bien s'organiser. À Pâques, des groupes de jeunes se sont déplacés dans les environs et ont dormi dans des tentes ou des auberges de jeunesse. On ne pouvait pas se faire prendre quand on s'y prenait bien. Cette fois-là, nous avons pu aller plus loin, peut-être dans le Mecklembourg, vers l'un de ces lacs où tant de jeunes passaient leurs vacances.

Ils étaient une vingtaine à vouloir s'y rendre : des jeunes antifascistes qui appartenaient à différents groupes, mais aussi des camarades qui se connaissaient depuis longtemps et qui continuaient à lutter.

Nous avons pris le train à deux ou à trois ; a priori, nous savions juste où nous devions descendre. Ce n'est que là qu'un de nos amis serait sur le quai pour nous donner des instructions vers notre lieu de stockage. Lucie, Bruno et moi sommes partis ensemble. Pendant trois jours, nous serions libres et nous nous relaxerions ! Trois jours avec des amis au bord de l'eau, au soleil ! Loin de la ville et de ses menaces ! Sortir de cet isolement qui était si contraignant. Nous pourrions parler de nos expériences, des dangers, des succès et des échecs, et nous parlerions aussi des erreurs, nous apprendrions les uns des autres.

Plusieurs tentes s'élevaient déjà autour du lac, des jeunes flânaient. Tout était comme avant : un groupe d'oiseaux migrateurs et, plus loin, une « clique sauvage »[7] s'était installée dans son fossé habituel.

---

7 Groupe de membres de la jeunesse hitlérienne qui jouent de la guitare et de l'accordéon...

Mais on ne voyait pas d'uniformes bruns. Nous avons dressé notre grande tente circulaire près de l'eau. J'ai couru avec d'autres sur la petite descente jusqu'au rivage et j'ai sauté dans le lac. L'eau était fraîche, ça m'a fait du bien, on pouvait nager loin.

Puis nous nous sommes allongés au soleil, je regardais vers notre tente pour voir qui d'autre était arrivé. Ces derniers mois, je n'avais plus de nouvelles de certains de nos contacts. Je vis arriver Kurt et Else, et j'ai aussitôt pensé à la Procession aux flambeaux, lorsqu'on s'était assis une dernière fois dans la petite pâtisserie de la porte de Halleschen pour manger des terrines pâtés de foie. Willi était là, Paul et Karl aussi. Mais certains manquaient à l'appel. Je savais que deux de nos joueurs d'échecs avaient été arrêtés très tôt.

Nous pouvions entendre le murmure des voix en provenance de notre tente. Le ton a monté. J'écoutais.

– … et donc ce n'est pas une défaite que nous avons subie ? C'est violent ce que tu racontes ! Tu te moques de qui ?

– Les travailleurs ne se sont pas battus parce que la situation n'était pas mûre. (*J'ai reconnu la voix de Willi*.) C'était une retraite tactique et non une défaite. Nous sommes toujours là. Mais nous ne sommes pas non plus des aventuriers ; une insurrection aurait signifié un bain de sang utile.

– Et le sang versé aujourd'hui ? alors qu'on ne peut plus se défendre ?

C'était la voix de Karl.

– Nous nous défendons politiquement ! dit Willi énervé.

Tout ça était bien trop bruyant ! J'ai remonté la pente, accompagné de deux amis.

– Vous voulez tous nous faire arrêter ?

La discussion avait tellement chauffé nos camarades qu'ils négligeaient toute prudence. Lorsque nous sommes intervenus, ils ont pris peur.

Ce n'était tout simplement pas une option. En fait, rien n'était comme avant, nulle part. S'il s'agissait de discussions politiques, nos guetteurs devaient se tenir sur leurs gardes. Nous avons peut-être chanté quelques vieilles chansons de marche. Mais sans se faire remarquer, en parlant à voix basse, mais sans chuchoter de manière suspecte.

– Tout cela vaut aussi pour le cours sur le matérialisme historique, demain matin, a déclaré Karl.

– Je ne sais pas si cette conférence est une si bonne idée, a déclaré Lucie. Comme si nous n'étions pas déjà assez en danger, même sans le matérialisme historique. Et maintenant la théorie en plus ?

Mais la plupart d'entre nous pensaient qu'il ne fallait pas négliger l'étude de nos bases théoriques, surtout en ce moment, parce que nos convictions constituaient notre atout… Sinon, où puiserions-nous le courage et la force, au-delà de la terreur…

– Passons maintenant à notre travail, à nos problèmes immédiats. Que faut-il faire de nos camarades qui sortent des prisons ou des camps – ne devrions-nous pas d'abord les garder à l'écart, au frais ? Il y a des transfuges parmi eux, des traîtres, est-ce la même chose ? Et comment nous comporter avec ceux qui ne sont tout simplement pas assez forts pour reprendre la lutte ?

– Même la prudence peut être aussi exagérée, on peut la confondre avec la lâcheté. Mais il y a aussi beaucoup de légèreté, qui a déjà coûté trop de sacrifices. C'est à chacun de décider de ce qu'il faut faire, c'est difficile. La semaine dernière, je voulais aller à un rendez-vous ; mais, lorsque j'ai appris qu'il devait avoir lieu dans la maison d'un médecin juif recherché par la S.A. pour avortements, j'ai renoncé et demandé que la rencontre soit annulée. On m'a regardée de travers !

– Mais comment est-il possible de respecter strictement les règles de la légalité alors que tout s'y oppose ? Pour Erich Meier – qui avait organisé l'autodéfense à Spandau – sa prudence fut un exemple pour tous. Mais la S.A. n'aurait pas pu le traquer dans sa tonnelle *Bon Espoir* et l'emmener dans les camps d'épuration s'il n'était pas sorti de sa cachette berlinoise pour se rendre à Spandau. Mais il ne supportait plus l'isolement, il ne supportait plus de rester les bras croisés, de laisser le pouvoir aux fascistes sans combattre. En plus, il fallait qu'il revoie sa fille... Après tout, nous sommes des êtres humains, avait dit Erich ; je ne peux pas me battre, mais je sais me défendre, je vous ai montré ça. – Lorsque Marta Fittko vit Erich arriver dans son magasin de légumes et de levures, elle lui dit : « Mais qu'est-ce que tu fais là, gamin ? Ils vont te tuer ! » Mais Erich secoua la tête, lui sourit, et poursuivit sa route. Il avait ignoré le traître. Nous étions toujours en mars. Plus d'un millier d'habitants de Spandau assistèrent aux funérailles.

Nous avons parlé de ces choses, et de bien d'autres choses, lors de notre séjour de Pâques. Ça nous aura au moins rendu le cœur un peu plus léger.

Charlottenburg – Mariage – Neukölln

J'ai dû retourner à l'appartement du Lietzensee pour récupérer des vêtements plus légers pour la saison plus chaude. Je n'avais emporté que des vêtements d'hiver dans mes quartiers de la Gubener Straße, parce que je pensais, à l'époque, que tout cela serait provisoire. Mais aujourd'hui le mois d'avril est déjà passé. Et il fallait s'habiller décemment pour ne pas attirer l'attention. Jusqu'à présent, rien ne s'était passé dans l'appartement de mes parents ; ça ne devrait donc pas non plus devenir si dangereux.

Nous nous sommes assis autour de la table dans la salle à manger : mon frère Hans, sa petite amie Eva et moi. Eva avait apporté quelque chose à manger. Nous avions également trouvé une bouteille de vin du Rhin, que nous avions pratiquement vidée. J'étais fatiguée.

– Aujourd'hui, nous sommes le 28 avril, ai-je dit.

Cela venait soudain à l'esprit.

– Oui, et alors ? demanda Hans.

– Noces d'argent !

En dehors des anniversaires, nous n'avons pas vraiment célébré grand-chose mais, pour ce jour, nous avions toujours prévu une petite surprise pour les parents. Maintenant, ils n'étaient plus là.

– Envoyons-leur un télégramme, c'est suffisant, a déclaré Hans. Nous pouvons l'envoyer par télégramme…

– Bien, peut-être une sorte de blague, pour leur remonter le moral ?

Habituellement, lorsque nos parents étaient en désaccord, mon père essayait d'apaiser la situation tendue par un profond soupir : « Les innombrables heures d'agonie que j'ai endurées depuis notre mariage… » Oui, nous avons calculé combien d'heures contenaient vingt-cinq années ! Ou combien de minutes ?

Hans a pris sa règle à calcul. Il s'est trompé plusieurs fois et a dû recommencer mais, avec l'aide d'Eva, ils y sont arrivés. Nous avons rédigé le télégramme :

« FÉLICITATIONS POUR AVOIR ENDURÉ PATIEMMENT LES TREIZE PREMIERS MILLIONS CENT QUARANTE MILLE MINUTES DE VIE COMMUNE. »

J'ai transmis le texte par téléphone à la Tchécoslovaquie, et nous nous sommes réjouis, attendant avec curiosité et impatience la réaction des parents.

Ensuite, nous avons fait du café. Quand j'ai sorti les tasses du buffet, je me suis souvenue de ce petit tiroir dans lequel se trouvaient une douzaine de petites cuillères à café. Ou étaient-ce des cuillères à thés ? Je ne me souvenais pas que nous en avions jamais eu besoin. Un jour, alors que j'en parlais à ma mère, elle me dit seulement : « Quel non-sens ! Qui donc a besoin de cuillères en or, elles ne sont même pas belles ! »

Peut-être qu'ils les avaient reçues à l'occasion de leur mariage. Quoi qu'il en soit, j'en ai sorti trois et je les ai servies avec le café, et nous avons ri de bon cœur. Par tous les temps, nous avions maintenant des cuillères dorées !

La préposée aux télégrammes secouait probablement toujours la tête à l'idée du télégramme absurde, elle a dû penser : « Qu'est-ce qu'il ne faut pas entendre ! »

Ou, le texte étant si étrange, viendrait-il à l'idée des préposés qu'il pouvait s'agir d'un message crypté… ?

Dans le temps, nous aurions probablement trouvé la chose hilarante, mais aujourd'hui… Nous n'avions pas pensé qu'une innocente petite blague pouvait aussi devenir dangereuse. Dès que vous mettez votre vigilance en veille, vous pouvez faire preuve d'une grande stupidité.

Nous nous sommes assis là, un moment, et avons réfléchi. Si on nous questionnait, tout ce que nous aurions à faire serait de dire la stricte vérité. Expliquer que le télégramme n'était qu'une blague. Ils pouvaient toujours calculer. Ce n'est qu'une fois qu'ils pensent vous tenir…

– Tu devrais y aller maintenant, m'a dit Hans.

Je me suis levée. Le téléphone a résonné et j'ai saisi le cornet sans réfléchir.

– Allô ?

– Ici l'employé des téléphones.

Était-ce seulement possible ? J'ai senti le regard de Hans et celui d'Eva sur moi. Dans un lourd silence.

– Oui, que puis-je pour vous ?

– Nous avez-vous récemment confié un télégramme pour la Tchécoslovaquie ?

– Oui.

– Excusez-moi, mais le télégramme n'a pas encore été envoyé.

– Et pourquoi pas ?

– J'espère que vous ne nous en voulez pas. Vous nous avez, à mes collègues et moi, procuré beaucoup de plaisir avec votre missive. Nous avons vérifié vos calculs et, effectivement, vous avez commis une erreur, vous avez oublié les années bissextiles ! Et nous nous sommes dit qu'il fallait absolument corriger cette erreur, n'est-ce pas ?

La jeune femme a ri franchement. J'ai ri à mon tour et j'ai dit mais bien sûr, parce que ce serait un véritable casse-tête si les calculs ne concordaient pas. Je l'ai donc prié d'inclure les minutes des années bissextiles. Nous avons ri à nouveau, moins détendus mais en grinçant davantage des dents.

Alors que je rentrais chez moi en direction de la rue Kant, je me suis rendue compte que quelqu'un me suivait. Toujours au même rythme que moi, à la même distance, ni plus vite ni plus lentement que moi. Et si l'appartement était surveillé ou si j'étais suivie ? J'ai donc ralenti le pas, et ceux de mon suiveur se sont adaptés. Je me suis arrêtée à une petite librairie et j'ai regardé les livres exposés. Oui, les pas se sont espacés et quelqu'un s'est arrêté pile derrière moi, je pouvais voir un homme grand avec un chapeau dans le reflet de la vitrine. J'ai regardé les livres et j'ai réfléchi. Puis, je me suis retournée, j'ai frôlé l'homme, je l'ai fixé dans les yeux et j'ai rapidement traversé la route. Je me suis engagée dans une rue latérale et j'ai continué ma route plus lentement. Personne ne me suivait plus, aucun pas derrière moi. C'était un jeu facile. La Gestapo, les nazis, ne pouvaient pas être semés aussi facilement. Mais je commençais peut-être à me faire des idées. Ce ne serait pas la première fois qu'un homme suive une fille à Berlin.

J'ai demandé à mon frère comment se portaient ses finances et surtout s'il pouvait me donner quelque chose. Non, il ne pouvait pas m'aider, il n'avait presque plus rien pour lui-même. Bientôt, il projetait de filer aussi à l'étranger, où il essaierait de se refaire. Plusieurs de ses amis étudiants étaient déjà à Paris. Il n'attendait plus que d'être admis à l'examen oral pour son doctorat. En attendant, il devait probablement accepter l'offre des parents d'un collègue pour emménager dans leur maison sur le Wannsee. Fahrenhorst, son ami et collègue, proposait aussi de le soutenir financièrement.

Pour moi, il n'y avait rien à prendre. Jusque-là, j'avais fait des traductions, mais mon cercle de connaissances devenait de plus en plus étroit. Anni, la femme de mon cousin, m'avait prié de venir dîner chez eux quand je le souhaitais. Mon cousin était diplomate, et je me sentais en sécurité chez eux. Par ailleurs, quelques amis qui avaient encore leur travail m'ont donné un peu d'argent. Dans l'ensemble, une existence relativement chancelante. Je n'avais aucune idée de la façon dont tout cela allait évoluer.

J'avais pris rendez-vous avec Alfred pour le jeudi à 14 heures. Nous nous connaissions depuis les cours de gymnastique libres. Il était de Wedding, et je savais qu'il continuait à travailler là de manière illégale. La résistance à Wedding avait souffert de lourdes pertes, et les réseaux se sont démembrés encore et encore. Comme je connaissais quelques personnes là-bas, Alfred m'avait demandé de l'aider avec mes contacts.

Mercredi, j'ai vu Kurt, qui m'a informée des mêmes nouvelles de Kreuzberg : un certain nombre de personnes y étaient actives, parmi les autres les connexions ont été rompues, de nouveaux réseaux ont dû être reconstruits. J'ai rendez-vous demain à 14h30 avec deux laissés-pour-compte, à Hedwig, a dit Kurt ; tu dois venir, parce que tu connais nos amis à Kreuzberg. Je lui ai répondu : demain, pas possible, j'ai une autre réunion.

Nous avons tout envisagé. Oui, bien sûr, Kreuzberg était pour moi le point le plus important, parce que c'était là que je me sentais le plus utile. Mais il n'était pas question de faire attendre Alfred, de le mettre en danger et de perdre les connexions que nous avions grâce à lui. On ne pouvait pas simplement téléphoner ou envoyer une carte… J'ai pensé à Willi. Il connaissait Alfred. Je pouvais joindre Willi grâce à sa famille. Je lui demanderai un rendez-vous.

Willi a eu raison de se rendre à ma place au lieu de rendez-vous avec Alfred. Nous nous étions arrangés pour nous rencontrer à un coin de rue animé, quelque part sur la Brunnenstraße. C'était donc plus sûr, il serait plus facile de se cacher si quelque chose tournait mal.

La rencontre chez Hedwig se déroula normalement, malgré les arrestations, personne ne s'est découragé. Nous devions juste être plus prudents, plus habiles. Bien sûr, nous avons continué : retisser les liens – rester ensemble – répandre nos écrits antifascistes…

Le soir même, j'ai reçu ce message : tiens-toi à l'écart de tout ! Ne te montre nulle part. Willi s'est fait prendre chez Treff à Wedding. Attendre pour voir ce qu'il adviendra…

Alfred a dû être arrêté entre mardi, lorsque nous nous sommes vus pour la dernière fois, et jeudi. Ils l'avaient probablement torturé et il avait perdu connaissance. Ou peut-être avait-il sur lui le compte rendu de la réunion et qu'ils l'avaient trouvé ? Ainsi Willi avait été arrêté. À ma place. Peut-être avait-il transmis une alerte à Alfred, lorsqu'il l'a vu venir, parce qu'Alfred ne savait pas que Willi viendrait sans moi ? J'imaginais ce qui a bien pu se passer : Alfred a été obligé de se rendre au rendez-vous avec moi. Les responsables de la Gestapo le suivaient de près et ont tout noté ; au moindre soupçon, ils interviendraient. Willi a vu arriver Alfred, mais ne remarqua pas qu'il avait été torturé. La Gestapo ne pouvait avoir une idée de moi qu'à travers ce qu'elle lui avait extorqué. Mais ils ont dû découvrir que Willi et Alfred se connaissaient – un regard ou un simple geste de la main pouvaient suffire –, ils l'ont attrapé avant que Willi ne puisse s'enfuir.

Des questions pénibles me traversaient l'esprit : qu'allaient-ils lui faire ? Ce qu'ils auraient fait avec moi, ils le font inévitablement avec lui. Je ne peux pas les imaginer être tendre avec lui. On doit toujours et dans tous les cas se protéger. On ne sait jamais de quel côté est la force… Il ne s'agit pas de force musculaire… Mais pas obligatoirement non plus, comme je l'avais montré, de force de conviction… Puis-je évaluer ma force ? Mais cela n'est pas possible, il ne faut jamais douter de soi-même… Il fallait maintenant me faire discrète, au moins pendant une dizaine de jours.

« Pas une seule fois cette année nous ne pourrons faire de la compote de rhubarbe », maugréait Lucie. « Où sommes-nous donc censés la faire ? Et où se procurer tout le sucre ? » Lucie habitait au centre de Berlin, je ne pouvais pas m'y rendre. Et dans mon quartier de la rue Gubener on ne pouvait pas se faire remarquer. La saison de la rhubarbe allait bientôt s'achever.

Quelques jours plus tard, Lucie remit la rhubarbe sur le tapis : il serait peut-être possible de la préparer chez Käthe. Käthe vivait à Neukölln, où personne ne nous connaissait. Bien sûr, la maison n'était pas totalement sécurisée, car le père de Käthe était communiste. Mais Lucie nous a dit : « Nous ne pouvons quand même pas tout abandonner de notre vie quotidienne, et la rhubarbe en fait partie. Même toi tu dois parfois quitter ta cachette. Et puis Käthe a trouvé du sucre ! »

– On a besoin d'une grosse quantité ! ai-je dit. Sinon, elle sera trop sûre !

– Le sucre dont nous disposons suffirait pour un régiment, me rassure-t-elle.

Bon, en route pour Neukölln. Lucie a emporté la rhubarbe ; elle se l'était procurée auprès d'une voisine, qui avait un jardin familial. Nous nous sommes assis autour de la table de la cuisine chez Käthe, nous avons nettoyé, coupé, et parlé des choses que nous avions entendues. Qui était remonté ? Qui avait été amené à Oranienburg ? Qui s'était envolé pour l'étranger ? À qui on ne pouvait pas faire confiance ?

La petite-nièce de Käthe a fait son entrée et elle nous a donné un coup de main. Elle avait peut-être cinq ans ; nous l'avions baptisée « notre bébé ». Elle remuait consciencieusement dans la compote à l'aide de la cuillère en bois.

– C'est un jour comme ça ! a-t-elle déclaré.

– Quel genre de jour ?

– Je n'en sais rien. Un de ces jours où ils sortent tous les drapeaux par la fenêtre. Mais pas le nôtre. Seulement les autres.

– Ils sortent tous leurs drapeaux, dis-tu ? Mais non, pas tous !

– Mais beaucoup quand même. Tante Käthe ?

– Quoi, ma chérie ?

– Les autres enfants me regardent bêtement. Pourquoi n'avons-nous jamais de drapeaux à notre fenêtre ?

– Aimerais-tu que nous sortions l'autre drapeau ?

– Moi ? Non. Mais, tante Käthe ? Ne pourrions-nous pas… Peut-être devrions-nous avant tout… Nous n'avons qu'à faire comme ça, et puis, plus tard, nous pourrions récupérer notre drapeau. Il se trouve dans la cave, tout à l'arrière, mais ça, je ne l'ai dit à personne…

– Anita, parfois il vaut mieux cacher son drapeau. Mais ceux qui échangent leur drapeau contre un autre, sont des chiffonniers.

– Mais les autres ne font quand même que ça.

– Est-ce que les enfants disent ça ?

– Parfois. Avec l'autre drapeau nous n'avons pas besoin d'avoir constamment peur à cause de grand-père !

– Mais grand-père ne ferait jamais ça ! Je vais te l'expliquer encore, mais maintenant nous devons d'abord surveiller la rhubarbe.

– Tante Käthe, n'as-tu pas peur toi aussi ?

Käthe goûte la compote, lentement et consciencieusement. « C'est assez doux. Bientôt, ce sera prêt. » Elle regarda Anita. « Mon trésor, nous faisons ce que les personnes raisonnables doivent faire, et ça, il n'y a rien d'autre à en dire, avec ou sans peur. »

Lucie saisit Anita, sautilla dans la cuisine avec elle et chanta :

Réjouissez-vous de la vie
aussi longtemps que le Rhubarbe fleurira –

et nous avons tous chanté :

Réjouis-toi, petit Fritz, réjouis-toi, petit Fritz
Demain, tu auras de la salade de céleri –

Lorsque la compote de rhubarbe fut prête, nous avons rassemblé tout le monde dans la cuisine, grand-mère, grand-père et toute la famille. La rhubarbe était merveilleuse, sucrée, acidulée et surette.

La nuit du recensement

Pas de nouvelles arrestations. Willi tient bon. Grâce à la petite amie de sa sœur, nous savons qu'il a été transféré à la prison de la police. Il a au moins échappé aux griffes de la Gestapo !

Alfred a été vu dans Berlin-Wedding. Libre.

C'est comme ça qu'ils s'y prennent, ils laissent courir les gens et les suivent. Ils notent avec qui les personnes relâchées prennent contact ; ils jettent et continuent d'observer. Ensuite, ils fondent sur leur proie et tout s'envole, nous perdons les contacts. Conclusion : ceux d'entre nous qui sont libérés doivent prioritairement être « mis à l'écart ». Vous devez éviter d'avoir un contact avec Alfred. Lorsque vous le voyez, détournez le regard. Ce n'est pas clair du tout comment tout cela s'est passé, nous ne savons pas s'il a vraiment dénoncé sa rencontre avec Willi. Non, pas avec Willi, avec moi ; puisqu'il a dû savoir que c'était moi qui viendrais –. Aurions-nous dû nous organiser autrement ? Si seulement j'étais allée à la réunion moi-même au lieu d'envoyer Willi ! Mais tout ça n'a aucun sens ; la terreur est coupable, pas nous. « Ne te précipite pas vers les anges », avait raillé Kurt, « Tu seras la prochaine sur la liste ». Les blagues méchantes circulaient de partout, mais nous pouvions en rire, oui, nous pouvions rire de la terreur, malgré tout ! Elle est plus facile à supporter lorsqu'on en rit.

Et même si Alfred n'avait rien dit, ils ont pu trouver le lieu de rendez-vous d'une autre manière. Comment faut-il voir cela, devrait-il être soupçonné et suspendu par ses propres camarades ? Et se retrouver esseulé.

Je me suis à nouveau risquée à sortir de mon trou. Depuis l'arrestation de Willi, mis à part notre séance de compote de rhubarbe – je n'étais descendu dans la rue qu'occasionnellement pour acheter quelque chose, ou parce que je ne tenais plus à l'intérieur. Un jour je me suis installée, en matinée, alors que tout était encore fermé, un livre à la main, dans le petit parc près de l'appartement. J'ai lu le « Fouché » de Zweig, je me suis complètement immergée et j'ai vécu ce qui s'était passé à cette époque-là.

Puis je me suis dit : c'est absurde ! Nous sommes en l'an 1933. Je vis cette année ici et maintenant, cachée à l'est de Berlin. Comment puis-je m'asseoir dans le parc par un matin ensoleillé et rêver que nous sommes tous dans l'ancien temps – avec cet excellent livre consacré à celui que Zweig appelle « l'homme politique le plus remarquable de tous les temps ». Je n'étais pas certaine que les livres de Zweig n'avaient pas été brûlés en mai. Je ne me souvenais plus s'il était juif.

Kurt et Else avaient préparé un nouveau dépliant, et nous avions besoin davantage de distributeurs. Par ailleurs, nous voulions maintenant produire de plus petits documents qui pourraient être imprimés et distribuer plus facilement ; et surtout, c'était moins dangereux ! Nous devions surtout trouver de nouvelles façons de diffuser massivement nos feuillets sans nous faire prendre. Peut-être les confier au souffle du vent du haut d'un immeuble ?

Quand je suis allée dîner chez André et Anni, avec mon cousin et sa femme, mon frère était là lui aussi. Anni s'était absentée quelques jours à Leitmeritz pour rendre visite à mes parents, et elle souhaitait nous donner des nouvelles. Elle avait pour mission de nous convaincre de fuir à l'étranger. Elle avait même l'argent pour le voyage – mais uniquement si je voyageais vraiment !

– Nous en reparlerons, ai-je dit.

Hans préparait son voyage vers la France. Il avait été manipulé plus qu'il ne le pensait. On l'avait mis en garde de ne pas trop se montrer, surtout à l'université. Dans la S.A. étudiante se trouvait un certain nombre de partisans de Strasser. Hans connaissait certains d'entre eux depuis le début de ses études. Ils avaient discuté de questions politiques et l'avaient encouragé à plusieurs reprises à participer à des rencontres au sein de leur groupe. Il avait même donné une conférence lors d'une de ces invitations.

Après l'arrivée au pouvoir des nazis le contact a été rompu. Hans, Eva et quelques amis ont continué à rassembler un petit groupe d'étudiants antifascistes, ils ont commencé à produire des tracts et des brochures.

Il y a quelques jours, Hans avait été approché par un étudiant inconnu de l'université. Il a dit que des amis avaient mentionné le nom de Hans, et il a énuméré quelques noms d'étudiants S.A. du groupe Strasser. Il ne parla que brièvement et ordonna à Hans de se rendre dans un café ; il ne voulait probablement pas être vu en sa compagnie.

– On m'a demandé de vous avertir, a-t-il dit à Hans lorsqu'ils se sont rencontrés au café. Les étudiants de la S.A. sont après toi ! Il a été convenu de t'arrêter si tu te montrais dans les environs de l'université. Aujourd'hui, tu as eu de la chance. Mais prends ce que je te dis au sérieux si tu ne veux pas te retrouver enfermé à la Hedemannstraße.

Il s'est mis debout, a levé le bras et crié *Heil Hitler !* Puis il est parti.

On nous a annoncé un recensement populaire. Il a été décrété que chaque résident devait passer la nuit, à la date spécifiée, dans l'habitation où il s'était enregistré auprès de la police. Toutes les demeures allaient être contrôlées.

Nous étions illégaux ! Cela signifiait aussi que les illégaux devaient passer la nuit dans les parcs, sur les bancs, dans les rues sombres, les arrière-boutiques ou les recoins divers. Faire attention, écouter, se tenir prêt à sauter. Surtout ne pas s'endormir, même un instant ! Nous étions sauvagement libres !

Eva Rosenthal et le frère de Lisa Fittko, Hans Ekstein (rangée du bas, 2. et 4. à partir de la gauche), le soir avant les noces (Berlin, 1934).

– Une aubaine, ai-je dit à Lucie qui me raccompagnait, cette résidence de la rue Gubener n'est finalement qu'un magasin de bonbons, personne n'y est enregistré, ils n'iront certainement pas fouiner là.

Même Lucie était inscrite dans l'appartement de son père, où elle irait passer la nuit.

Nous avons traversé le couloir dans l'habitation. J'ai voulu faire bouillir de l'eau pour le café, mais il n'y avait pas de gaz alors que j'avais mis suffisamment d'argent dans le distributeur. Je suis sortie et j'ai vérifié l'installation. Le distributeur de gaz était verrouillé ! Mme Schulz, la commerçante, frappa à la porte au même moment, et fit son entrée.

– Je suis désolée, dit-elle le souffle court. Je suis vraiment désolée. Mais vous ne pouvez passer la nuit ici, vous devez partir.

– À l'instant ? Tout de suite ?

J'ai remarqué que son visage était rouge.

– À cause du recensement ? ai-je demandé.

– Vous n'êtes pas inscrite ici. Et s'ils venaient nous maltraiter pour nous emmener… Non, vraiment, je ne suis pas d'accord, vous ne pouvez pas nous faire ça… Essayez de me comprendre…

Elle parlait de plus en plus vite et se tortillait.

– Quoi qu'il en soit, ce n'est pas seulement à cause de nous, mais aussi à cause de vous, si quelqu'un dans la maison vous dénonce, et qu'on vous trouve ici, et ferons-nous alors, ma sœur et moi, que dirons-nous ?

– Mais personne ne sait que vous hébergez quelqu'un ici à l'arrière ! Personne ne m'a jamais vue entrer ici !

– Oh ! Ça, c'est ce que vous pensez. Il ne vous est jamais venu à l'esprit que les escaliers ont des oreilles ? Jusqu'à présent, je n'ai rien voulu dire, mais on m'a questionnée à votre sujet. Les habitants voient de la lumière, entendent les portes claquer. Et enfin on m'a demandé pourquoi vous n'aviez pas, comme tout le monde, votre nom sur la porte.

Je ne savais pas si elle venait juste d'inventer tout ça, ou si c'était la vérité. C'était possible, elle avait raison de prétendre que ça ne m'était jamais venu à l'esprit que je pouvais me faire remarquer.

– Viens ! me dit Lucie. Emporte juste ce dont tu auras besoin pour la nuit. On trouvera bien un endroit où tu pourras rester jusqu'à l'aube.

– Non, a dit Madame Schulz en piquant un fard, ce n'est pas ce que je voulais dire. Prenez juste ce que vous pouvez maintenant, vous prendrez le reste plus tard. Peut-être que Bruno pourra vous aider. Mais vous ne pouvez plus rester ici avec moi. Je suis désolée, vraiment, je suis désolée pour vous aussi, mais je dois agir de la sorte. Comprenez-moi !

– Bruno est-il au courant ?

– Pas encore. Il a déjà assez à faire avec lui-même pour cette nuit.

– Bien sûr, dis-je. Je comprends. Merci pour tout...

– Merde ! ai-je dit à Lucie une fois dehors. À ton avis, devrions-nous d'abord aller à l'appartement de Lietzensee, peut-être y a-t-il quelque chose à glaner là-bas ?

Hans était à la maison. Il était toujours enregistré là. Nous avons réfléchi, et Hans a pensé que le mieux pour moi serait de rester chez lui.

– Au fond de la chambre de la fille, à côté de la cuisine, là, ils n'iront certainement pas regarder...

Après le départ de Lucie, j'ai effacé toute trace, j'ai rassemblé mes affaires au fond et j'ai verrouillé la porte de l'intérieur. Cela ne m'aiderait pas beaucoup, pensais-je, mais me donnerait juste un peu plus de temps.

Dans cette chambre trônait un lit et je me suis allongée dessus. J'étais épuisée, mais m'endormir profondément me serait aussi impossible...

Lorsque j'ai entendu la sonnette, je me suis éveillée en sursaut et j'ai été effarée en regardant ma montre. Il était six heures et demie ! Les bruits de la maison me parvenaient distinctement. La porte de la chambre de Hans couinait un peu. Sûrement qu'il accrochait maintenant le vieux peignoir gris avec les rayures rouges. Probablement était-il en train de se vêtir de ce vieux peignoir gris rayé de rouge. Puis je perçus son pas traînant à travers l'antichambre jusqu'à la porte de l'appartement.

Immobile, j'étais allongée tout habillée sur le lit. J'ai senti lentement mon corps se refroidir. La porte de l'appartement s'est ouverte, deux inconnus criaient : « Heil Hitler ! » Puis la voix de mon frère : « Heil Hitler ! » Cela me parut presque rassurant, je serais incapable de dire pourquoi ; peut-être simplement parce que c'était irréel. La porte a été brutalement forcée, on entendait un va-et-vient de pas lourds. Maintenant... Quoi ? – non, je ne pouvais pas identifier leurs directions. J'entendais les voix, mais pas assez pour les comprendre. Quelle longue conversation ! J'ai même entendu un rire. Je pouvais saisir des bribes au passage : « Camarades de classe » – « Si vous le permettez » – « Désolé » – « Merci beaucoup ». Puis, un « *Heil Hitler !* » polyphonique avant que l'appartement ne retombe dans le silence. J'ai entendu les pas familiers de mon frère dans le couloir vers la cuisine ; il a frappé à ma porte en passant et a crié : « Tu peux sortir ! »

Je me suis détendue.

– Ils sont partis ?

– Oui.

– Ils ne reviendront pas ?

– Non. Commençons par faire du café, puis je te raconterai…

Il est comme mon frère Hans.

Il a vu tout de suite que les deux gaillards étaient des étudiants. Ils portaient l'uniforme de la S.A. Quand ils ont demandé le formulaire de recension, Hans y a joint en plus sa carte d'étudiant.

– Oh ! Un camarade de classe ! a crié l'un d'entre eux…

Ils se sont présentés, et il y eut un échange plutôt convivial. Hans les a priés d'entrer dans le salon. Ils ont admiré la belle vue sur le lac avec ses saules pleureurs sur les deux rives. Incidemment, ils ont demandé qui d'autre vivait ici, et Hans a expliqué que ses parents étaient partis en vacances à la mer Baltique. Ça devrait suffire, merci ! Non, ils ne voulaient pas perquisitionner. « Quand même pas ici ! » a déclaré l'un d'eux en riant. Et ils ont quitté les lieux.

C'était plié. Et maintenant ? Mon frère allait vite déménager à la villa sur le Wannsee, comme on l'y avait invité. La femme de son ami Fahrenhorst voulait ensuite l'emmener en voiture et lui faire traverser la frontière française.

J'ai moi-même dû rapidement trouver un autre endroit où séjourner.

– Je vais en parler à Mme Hoffman, ai-je dit. Je connais son adresse. Peut-être pourrais-je rester chez elle pendant un certain temps.

Mme Hoffman est venue chez nous durant des années pour aider ma mère à la maison. Elle était originaire de Poméranie, veuve, et vivait avec ses deux fils quelque part à Schöneberg.

– Ma petite Lisa ! cria-t-elle les yeux et les joues brillants.

Elle m'a poussé vers le salon, mais j'ai dit que je préférais rester avec elle dans la cuisine.

– Mme Hoffman, puis-je me réfugier chez vous pour un moment ?

Et je lui ai expliqué la situation.

– Oh, je ne peux pas t'aider, ma Lisa. Ça ne marchera pas. À cause de Clément, mon aîné. Ils sont aussi après lui. Ça irait de mal en pis.

– Clément ? Mais je croyais qu'il ne voulait rien avoir à faire avec la politique ?

– Eh bien, il n'a en effet jamais appartenu à un parti. Il disait que tous ces types parlaient beaucoup mais ne faisaient rien pour nous sinon s'insulter les uns les autres, on en subit le résultat aujourd'hui. Mais Clément ne pouvait tout simplement pas tenir sa langue. Ils sont déjà venus ici, mais ne l'ont pas trouvé. Il ne rentre que rarement à la maison – tu comprends, je ne peux pas t'aider, ma petite Lisa. Fuis, comme tes parents. Tout ça ne va pas s'arrêter là.

Plus tard, j'ai rencontré Bruno au Treptow.

– Tu dois t'en aller ! dit-il.

Trois de nos nouveaux diffuseurs de tracts avaient été arrêtés. C'était la première fois qu'ils distribuaient ! Kurt et moi les avions rencontrés quelques jours auparavant, nous avions convenu de tout en détail. Ils étaient jeunes, impatients, ils voulaient vraiment faire partie de la résistance contre ces gangs fascistes.

Kurt avait informé Bruno de leur arrestation. L'un des trois garçons avait réussi à faire sortir clandestinement un agent par l'intermédiaire de sa mère ; après leur arrestation, ils avaient dit que c'était moi qui avais fui à l'étranger et, donc, ils m'ont tout mis sur le dos. Ils s'étaient concertés afin de faire les mêmes déclarations : ils avaient reçu les tracts d'une certaine Lisa et, sous la menace, ils ont donné une description de la personne en question. Ils ont échafaudé un portrait d'une beauté à laquelle on ne pouvait croire. Cela n'aurait en tout cas pas aidé la Gestapo à les mettre sur ma piste, mais les trois gaillards ont été interrogés sur les détails, ils ont évoqué des cheveux sombres et bouclés, des taches de rousseur, âge, taille et qui sait quoi d'autre. Lors des interrogatoires, il fut établi que les trois idiots étaient trop jeunes pour bien comprendre la signification de leur acte. Ils auraient inventé le tout par pur plaisir, juste pour la farce.

Ils furent en effet rapidement libérés. Et, maintenant, on les avait mis sous surveillance.

Je devais m'en aller…

Bodenbach

Tu dois disparaître, dit simplement Bruno…
Karl aussi m'a laissé entendre que j'avais intérêt à me dépêcher. Je fus surprise de voir que mes amis semblaient presque soulagés de me voir contrainte de partir. C'était difficile pour moi d'accepter cela.

Ils avaient mon prénom et ma description. Je n'avais ni quartier, ni papiers, ni argent, ni travail. Je savais que je ne pouvais pas tenir longtemps comme ça.

Étais-je particulièrement en danger en tant que Juive ? Probablement. Cependant, je n'en étais pas encore vraiment consciente. De temps en temps, j'entendais un groupe de S.A. brailler un de leurs chants rituels à travers les rues, comme :

En route pour Jérusalem,
Bouffer de l'hostie, bouffer de l'hostie
Bouffer de l'hostie, bouffer de l'hostie

Mais les vendeurs à la sauvette me faisaient des clins d'yeux, comme aux autres filles d'ailleurs, par dérision. Maintenant, je souriais en retour, on apprend vite, et ça ne posait pas de problème à partir du moment où on savait pourquoi.

Bruno m'aiderait. Il s'y connaissait en montagnes géantes, davantage que moi. Passer le sommet enneigé ne devait pas poser de problème, mais il nous fallait quand même étudier la question. Et même si je traversais la frontière illégalement, je devais quand même prévoir un document sous un faux nom. Eva m'a confié son passeport ; plus tard, elle pourrait le déclarer comme perdu pour en demander un nouveau. Et, si ça tournait mal pour moi, elle pourrait toujours prétendre que son passeport avait été volé. Le portrait me convenait : cheveux bruns, yeux bruns, taille, âge… Juste la photo du passeport était compromettante. J'ai essayé un moment de froncer les sourcils pour la ressemblance, mais en vain, le visage d'Eva ne me ressemblait pas du tout. La photo devait être remplacée. Bruno a expliqué qu'il avait des contacts avec un réseau de professionnels qui pouvaient s'en occuper. Mais sans visa, bien sûr.

Ce n'était quand même que pour une courte période. Ils n'avaient pu soutirer mon nom complet aux détenus, parce que ces derniers ne le connaissaient tout simplement pas eux-mêmes. Ainsi, la question des tracts serait sans doute rapidement reléguée aux archives.

Quoi qu'il en soit, combien de temps durerait encore ce suspense ?

L'escroc de Scheunenviertel – le seul que Bruno ait pu rencontrer – était un amateur. Il avait remplacé la photo du passeport, mais le support inférieur du document était, si vous regardiez de près, légèrement écrasé, comme maladroitement pressé par une pince. Autant dire que je n'étais pas vraiment à l'aise à l'idée de devoir montrer ce passeport.

Nous avons dû changer nos plans. Lors d'une chute, Bruno s'était cassé la jambe. Il n'était plus question de randonnée sur les sommets enneigés et, en aucun cas, il ne voulait me voir attendre jusqu'à ce que sa jambe soit guérie. Il avait dès lors parlé à son ami Heinz, qui le remplacerait pour m'accompagner.

Je suis allée au point de rendez-vous que Bruno avait fixé avec Heinz. Mais Heinz n'est pas venu. Arrêté ?

Ma cousine Anni est revenue d'une deuxième visite chez mes parents en Tchécoslovaquie.

– Je vais avec toi, m'a-t-elle dit, nous passerons rien qu'avec mes papiers.

L'idée n'était pas mauvaise : avec le passeport diplomatique et un comportement approprié – aimable, mais comme le prenant peu de haut, élégante, vraie blonde, aussi aryenne que cela puisse être. Je m'attendais à cela de la part d'Anni, elle y ajoutait du courage. Alors qu'elle a toujours prétendu « ne rien comprendre à la politique ».

Mais le plan d'Anni est aussi tombé à l'eau. André a été rappelé à l'étranger, et Anni a dû l'accompagner. Maintenant, je ne pouvais plus attendre, je n'avais plus qu'à y aller seule. Comme cela avait réussi pour pas mal de gens, cela ne pouvait pas en être autrement pour moi. Si seulement la photo n'avait pas eu ce côté amateur !

Lucie m'a aidé à faire mes valises.

– C'est bien que tu disparaisses. Il est grand temps. Je viendrai très certainement te voir à Prague.

Je ne pouvais emporter qu'une petite valise, facile à transporter. Pour un court séjour, je n'avais pas besoin de grand-chose.

– Pourquoi mets-tu celui-là ? Je serai de retour bien avant l'hiver ! ai-je dit à Lucie.

Il s'agissait du gros pull bleu à col roulé que ma mère avait tricoté pour moi.

– Il peut toujours faire froid et tu ne peux pas savoir quand tu reviendras.

– Tu as quand même des idées étranges.

Plus tard, nous nous sommes retrouvés dans l'appartement de mes parents : Hans et Eva, Bruno, Lucie et moi. C'est un bel appartement, mais il ne s'agit pas de notre domicile. Mes parents ont emménagé ici en toute hâte quelques mois plus tôt. C'était tout au début de la folie hitlérienne, lorsqu'ils croyaient encore être à l'abri durant la nuit. Tout d'abord s'éloigner de Steglitz, où on connaissait notre situation, quitter pour une autre partie de la ville ! Voilà la raison pour avoir loué cet appartement à Charlottenburg, là où personne ne nous connaît. À Charlottenburg ! Dans le fief même du bataillon de la mort S.A. 33, le cauchemar de Berlin.

Nous passons tout en revue point par point : prendre le train du matin pour Prague ; descendre au dernier arrêt avant la frontière tchèque ; à partir de là, évaluer les possibilités de traverser la frontière.

Une fois de l'autre côté, me rendre d'abord chez l'oncle Robert, qui a accueilli mes parents à Leitmeritz, petite ville au nord de Prague. Ils s'attendent à me voir débarquer, je leur avais envoyé une carte postale avec ces mots : *Je rendrai visite à mon oncle dans quelques jours.*

Mon frère m'accompagne vers les quais de gare. Il demande au guichetier :

– Quel est le nom de la gare frontalière sur la route de Prague ?

– Bodenbach.

– Bodenbach ? demande Hans. N'est-ce pas déjà en Tchécoslovaquie ?

– Uniquement si vous quittez le territoire allemand à la gare.

– Bon, alors un aller simple pour Bodenbach, s'il vous plaît, en première classe.

Nous ne savions pas vraiment ce que cela signifiait en pratique. Probablement que les choses seraient plus simples. Combien de fois sommes-nous passés par là en train, mais nous n'avions jamais eu de raison de nous intéresser à la réglementation frontalière. Nous renonçons à poser davantage de questions. Il me sera probablement possible d'en apprendre plus dans le train.

– Peut-être pourrais-tu descendre un arrêt avant Bodenbach, a déclaré Hans. Ou alors, tu te rends jusqu'à Bodenbach et tu prends un train local en sens inverse jusqu'à la première ville allemande, comme ça, tu n'auras pas à montrer de passeport.

Le train est plutôt vide. Dans mon compartiment se trouvent deux messieurs, genre homme d'affaires.

J'envisage de leur parler parce qu'ils connaissent probablement bien la ligne. Mais ce n'est pas simple, car je ne trouve pas de sujet de discussion. Et pourtant, ils sont susceptibles de m'apprendre des choses sur cette frontière.

L'un d'eux me demande finalement où je compte me rendre ? Je lui dis que je veux juste passer quelques jours dans un endroit agréable, de préférence à la montagne, mais je ne sais pas encore vraiment où. Peut-être dans le Erzgebirge, ou alors dans le Riesengebirge ?

– De Bodenbach, il y a une correspondance vers Schneidemühl, dit l'un des hommes.

– Ou alors vous descendez à Bad Schandau, dit l'autre, c'est aussi une région charmante.

Je demande si le train s'arrête encore entre Bad Schandau et Bodenbach ?

– Non, pas le train express.

C'est vrai, il s'agit du train express. Je me souviens qu'il roule sans interruption de Bad Schandau à Bodenbach.

Je regarde par la fenêtre. On approche maintenant du tronçon que j'attendais toujours avec impatience, un passage à travers la Suisse saxonne. Lorsque le train s'arrêtera à Bad Schandau, j'aurais fait mon choix pour l'endroit où descendre.

À Bad Schandau ? N'est-ce pas trop loin de la frontière ? À Bodenbach, puis rebrousser chemin ? Oui, cela semble être la chose la plus raisonnable à faire. Si on me fait des misères là-bas, je n'ai qu'à dire la vérité : à savoir que je voyage dans un train local, car je ne vais pas à l'étranger.

Le train s'arrête finalement : Bad Schandau. Ça n'a aucun sens de sortir ici, que puis-je y faire ? Je décide de me rendre à Bodenbach.

L'arrêt du train se prolonge. Je parle à mes compagnons de voyage des différentes stations thermales. Je les informe que j'irai finalement à Riesengebirge, c'est tellement beau par-là.

Le train s'ébranle.

Les laissez-passer seront-ils vérifiés avant Bodenbach ? Bien sûr, il m'est impossible de poser cette question.

Je me suis entraînée à la signature d'Eva, jusqu'à ce qu'il soit impossible de faire la différence avec celle de son passeport. Ses données personnelles me sont maintenant aussi familières que les miennes.

Peut-être aurais-je dû quand même sortir ? Je n'ai aucune idée de la manière dont cela fonctionne à la frontière. J'aurais pu y penser plus tôt, mais j'ai préféré le prendre à la légère... Maintenant il est trop tard, le train roule et ne s'arrêtera plus avant Bodenbach.

Je suis donc bien assise dans le train pour Bodenbach, où j'ai l'intention de changer de train. Pour quelques jours de vacances. Je m'appelle Eva Rosenthal, née le 11 février 1909 à Berlin, habitant à Berlin, Bayrischer Platz 5.

Combien de temps faut-il déjà avant pour atteindre Bodenbach ? Je pose la question aux deux messieurs. Plus que quinze minutes ? Cela a passé très vite. Cette maudite photo dans le passeport ! Et pas de visa ! Ne pas me montrer nerveuse, pourquoi me montrerais-je d'ailleurs nerveuse ? Je m'appelle Eva Rosenthal...

Les portes s'ouvrent et se referment, un vrai manège bruyant dans le couloir. Mes compagnons de voyage sortent leurs bagages des filets, on me tend ma valise. Merci.

– Tout le plaisir est pour moi, dit l'homme.

Je suis tentée de demander s'il ne s'agit plus que d'un simple contrôle douanier ou aussi des passeports, et puis non, je laisse tomber.

On ouvre la porte de notre compartiment. Trois hommes en uniformes apparaissent, dont un, porte l'uniforme S.A.

– Contrôle des frontières allemandes ! Passeports s'il vous plaît !

Les deux messieurs tendent successivement leurs papiers. Ils sont brièvement feuilletés et rendus.

Le train se déplace maintenant plus lentement. Je tiens mon passeport dans la main. Un des douaniers s'en empare.

Je le lui laisse et lève les yeux :

– Je ne sors pas du pays. Je ne fais que transiter ici.

L'agent me regarde, puis il ouvre le passeport et regarde la photo avant de tendre le passeport à l'homme en uniforme S.A. Ce dernier feuillette le document. Puis il me regarde brusquement, ses yeux allant de la photo à moi.

– Quel est ton nom ? me demande-t-il en détaillant le passeport.

Quelque chose de froid comme un glaçon se répand à travers moi de haut en bas.

– Je m'appelle Eva Rosenthal.

Je *suis* Eva Rosenthal.

– Lieu de naissance ?

– Berlin.

– Date ?

– 11 février 1909.

– Adresse ?

Il parle de plus en plus vite.

– Place Bayrisch 5.

– Ville ?

– Berlin.

– Profession ?

– Étudiante.

Le train se fige sur ses rails.

Le douanier repose les mêmes questions, mais dans un autre ordre, très rapidement cette fois. Adresse ? Date de naissance ? Occupation ? Nom ? Je réponds et ne me trompe pas – je *suis* Eva Rosenthal !

Il me regarde à nouveau sévèrement. Puis il me rend le passeport.

– S'il vous plaît ! Non, ne le rangez pas, vous en aurez besoin tout de suite. Descendez du train et attendez sur le quai ! Prenez aussi votre valise !

Avec sa botte, il pousse la porte du compartiment qui mène au quai. Lorsque je me retourne, je vois les visages de mes deux compagnons de route, ils me fixent tous les deux la bouche ouverte, l'air consterné.

– Sortez ! aboie le S.A. depuis la porte ouverte.

Je saisis ma valise et le passeport dans une main, me retiens avec l'autre et descends la première marche. Là je me rends compte qu'il y a un autre S.A. sur le quai. Il m'observe, un peu confus. Je descends la deuxième marche.

– Dépêche-toi !

Cette voix – mais où ai-je donc entendu cette intonation ?

– Viens donc, notre train s'en va !

Le S.A. en dessous de moi tourne la tête dans la direction d'où vient la voix. J'ai posé le pied sur le quai. Une main saisit mon bras libre et me tire quelques pas en avant. Une secousse, puis c'est comme si je passais à travers un verrou.

– Très bien ! dit la voix.

Et la prise autour de mon bras semble se verrouiller.

– D'accord, nous sommes sur le sol tchèque, dit la voix.

Oui, je reconnais alors la voix de mon père.

J'essaie de m'y retrouver. En avant ! Le plus loin possible du contrôle frontalier, loin de la S.A. ! Là où ils ne peuvent plus me voir !

– Tu as passé la frontière, dit mon père. Tu n'es plus en Allemagne. Nous n'avons plus besoin de courir...

– Ne vont-ils pas me chercher ?

– Derrière cette barrière, tu es en terre tchèque. Ils ne peuvent pas te récupérer.

– Le S.A. dans le train a remarqué que quelque chose clochait avec ce passeport. Il voulait me garder.

– C'est aussi ce que je pensais. En entendant sa voix, le son, et la façon dont je t'ai vu descendre ces marches, j'ai su qu'il était grand temps de faire quelque chose.

– Oui, mais comment donc te retrouves-tu ici ?

– Grâce à ta carte postale, nous savions que tu viendrais ces jours-ci. Je me suis dit que tu prendrais certainement le train pour Bodenbach. Je suis venu

de manière préventive, déjà hier, et avant-hier...
À proximité de la barrière, on peut voir le train en
provenance de Berlin. Mais tout est bien qui finit
bien, nous allons maintenant prendre le train pour
Leitmeritz...

Leitmeritz

Ma mère et Toni se tenaient devant la maison.
– Regarde, dit mon père, ils nous attendaient.

Nous ne disions pas « tante » lorsque nous parlions de Toni (la femme de l'oncle Robert), parce qu'il nous semblait qu'elle était encore trop jeune pour être tante. La communication entre nous était quelque peu problématique. Ici, dans les Sudètes, on parlait l'allemand, mais Toni venait de Prague et ne parlait que le tchèque, dès lors ma mère ou quelqu'un d'autre de la famille devait traduire ce qu'elle disait.

Ma mère insista pour me voir seule. Elle tenait à ce que je lui raconte tout ce qui s'était passé entretemps. Elle voulait notamment savoir ce que mon frère faisait, s'il pouvait encore se cacher, quand et comment il pourrait émigrer ?

– Comment ça s'est passé à Bodenbach, demanda-t-elle ?

– Oh, très simplement, ai-je expliqué. L'agent de la S.A. sur le quai a seulement entendu ce que le type de la S.A. dans le train m'a crié : « Descendez ! » et, lorsque mon père m'a soudain demandé de me dépêcher, ça a été le chaos. Le type n'a pas eu le temps de réfléchir beaucoup alors que mon père m'avait déjà tiré de l'autre côté de la frontière. Et qu'en pensait le type de la S.A. resté dans le train ? Je peux seulement me l'imaginer mais, heureusement, j'étais déjà bien trop loin pour l'entendre.

– Mon Dieu ! Et tu appelles ça « très simplement » ? Quand je pense aux risques auxquels tu t'es exposée ! Si tu savais ce que j'ai imaginé à ton sujet ces derniers mois ?

– Non, ça ne vaut pas la peine de se faire du mauvais sang pour tout cela. Ça se passe comme ça pour nous maintenant – nous veillons à tenir à l'écart tout ce qui pourrait nous distraire de nos objectifs. Sinon, nous serions déjà tous très démotivés.

Le soir, après le dîner, nous nous sommes installés dans le jardinet derrière la maison. Se retrouvaient là oncle Robert, Toni, mes parents, mon cousin Fritz, moi et Wolf (le chien). Exactement comme nous nous retrouvions en visite chez les Schaleks durant les étés. Mais ce n'était quand même pas la même chose. Nous n'étions en effet pas en vacances, nous étions des réfugiés.

Depuis ma plus tendre enfance, j'ai toujours aimé me retrouver l'été dans cette petite ville. Dans ma mémoire je vois briller le soleil ; c'était autre chose que dans les grandes villes grises et venteuses où j'ai grandi, où il pleuvait le plus souvent. Les rues, les maisons et les gens me semblaient là plus amicaux. Et puis il y avait le Böhmerwald voisin, où mon frère et moi nous nous rendions parfois. Ou les matins « piscine », où nous traversions ensemble l'Elbe jusqu'à l'autre rive et retour, quand le courant n'était pas trop fort. Mais ça, les adultes n'en savaient rien. Ça me gênait juste quand mon frère voulait me contraindre à mesurer mon temps de passage. Nous pouvions aussi passer sur le pont où nous jouions sur les fortifications de Theresienstadt.

– Pourquoi ne vas-tu pas nager ? m'a soudain demandé ma mère.

– Je n'en ai pas envie, ai-je répondu.

J'ai lu tous les journaux, à la recherche de nouvelles d'Allemagne. Parfois, on mentionnait des arrestations. Alors je me demandais si cela pouvait être quelqu'un que je connaissais, et je m'imaginais ce qui lui était arrivé. Ce n'était que depuis que j'étais à l'étranger que, parfois, je ressentais une certaine angoisse. Des cauchemars de persécution et de fuite apparurent progressivement. Je n'avais aucun doute sur le fait que la littérature antifasciste continuait d'être produite et diffusée de l'autre côté de la frontière. Et moi, j'étais confortablement installée ici dans cette jolie petite chose, coupée de tout, sans connexion, j'ignorais tout de ce qui pouvait bien se passer à Berlin. Je savais en tout cas que je ne m'éterniserai pas ici.

– Je me disais que tu aurais pu te détendre un peu ici, dit ma mère.

Ce n'était tout simplement pas possible. Le contraste entre la terreur de Berlin et ce lieu de repos avait été trop brutal.

Un soir, quelques jours après mon arrivée, nous mangions à nouveau dans le jardin. Nous avons parlé des dernières nouvelles d'Allemagne et immanquablement, revenait cette question lancinante : comment cela a-t-il pu se produire, et précisément en Allemagne ? Oncle Robert assénait qu'ici, chez eux, tout ça aurait été impensable. Parfois, ça sonnait comme un reproche personnel : « comment pouvez-vous tolérer cela ? »

– Nous tolérons ? me suis-je étonnée. Nous risquons nos vies !

Oncle Robert nous a parlé d'un traité à propos des conditions en Allemagne. Il avait lu cela dans un magazine de renom, précisa-t-il. Je me demandais pourquoi, s'il voulait vraiment savoir ce qui se passait de l'autre côté, il ne m'avait jamais interrogée ? Au lieu de lire un « magazine respecté ». Et mes pensées revenaient immanquablement aux fugitifs.

–... et Thälmann[8] est un criminel ! affirma-t-il soudain. Les communistes sont responsables !

– Les victimes sont donc les coupables ? ai-je crié. Lutter contre le fascisme est un crime ? Et c'est ce que tu penses, toi le conseiller à la Cour suprême ?

– Robert, tu ne peux quand même pas penser comme ça, dit ma mère.

---

8 Ernst Thälmann ou Thaelmann (1886-1944) est un homme politique allemand, assassiné au camp de concentration de Buchenwald le 18 août 1944.

Il a maintenu ses positions. Les communistes, avec leurs politiques subversives et leurs idées démagogiques, avaient effrayé le citoyen. Et c'est cela qui avait poussé les Allemands dans le giron des nazis, qu'ils ont vu comme des sauveurs.

Mon père, qui jusque-là n'avait rien dit, s'est levé.

– Qui est partant pour une promenade ? À propos de politique, nous n'arriverons jamais à nous mettre d'accord, à quoi ça sert de discuter ?

Non, je ne m'éterniserai pas longtemps ici...

Mon père a rencontré une connaissance sur la place du marché, Bruno Frei, l'ancien rédacteur en chef du journal *Berlin am Morgen*. Frei travaillait actuellement à un livre sur l'affaire Hanussen (un « clairvoyant » sympathisant des nazis, finalement assassiné par les nationaux-socialistes après leur « prise du pouvoir », parce qu'il avait visiblement été trop « clairvoyant »). Frei était venu à Leitmeritz pour rencontrer le président de la Cour et l'interviewer.

– Le président du tribunal est Robert Schalek, dit mon père, c'est aussi mon beau-frère.

Mon père a ramené Frei à la maison pour lui faire rencontrer oncle Robert.

Bruno Frei avait fui Berlin et vivait maintenant à Prague. Il m'a vivement conseillé de ne pas moisir dans ce trou de province, et me mit au parfum de l'émigration politique, de ceux qui s'étaient regroupés à Prague. Je pourrai retrouver pas mal de mes connaissances qui avaient dû fuir là-bas.

– Mais comment peut-on vivre à Prague ?

– On ne vit pas bien, mais on vit.

Et il m'a décrit en quelques phrases l'existence des émigrants à Prague.

– Bon, ai-je dit, dans ce cas j'arrive !

Prague

Frei m'a donné l'adresse d'un contact à Prague, où des émigrants avaient pu passer les premières nuits.

Je m'étais imaginé un bureau, mais il s'agissait en fait d'une cave dans une maison. Une douzaine de personnes s'entassaient là dans une petite pièce. Il m'a semblé qu'il y avait beaucoup de confusion, les gens se parlaient (surtout en allemand !), mais il n'y avait jamais personne pour vous donner une information. Après un moment, entra un homme plus jeune, qui prétendait avoir des places à proposer. Je me fis connaître et fus soumise d'abord à un interrogatoire. D'où je venais, pourquoi j'étais venu à Prague, si je pouvais prouver que j'étais bien persécutée en Allemagne… Mes réponses ont semblé lui convenir et il s'est contenté de dire que c'était en ordre ! Il voulait juste s'assurer que je n'étais pas un agent nazi. Je n'ai pas pu m'empêcher de rire et il a ri aussi. Je sais que c'est un peu enfantin ce que nous faisons, dit-il, mais il y en a tellement qui viennent, et nous ne savons pas vraiment comment nous rassurer. Il m'a donné une note avec l'adresse d'un hébergement pour la nuit. C'était en dehors de la ville, dans une ferme et l'homme m'a expliqué comment m'y rendre en tramway.

J'étais heureuse de constater que la paysanne parlait un peu l'allemand. Sur la table, elle a déposé devant moi une assiette de pâtes au sésame, exactement comme ma mère l'aurait fait. J'avais faim. Mais, avant de me laisser manger, elle voulait savoir comment tout cela avait été possible, comment cela avait pu se produire en Allemagne, quelque chose comme ça ne devait jamais arriver ici. Les enfants – j'en ai compté trois – se sont assis autour de la table de la cuisine et m'ont regardé, je ne savais pas quoi répondre, les pâtes me sont restées coincées dans la gorge. Puis elle m'a dit de manger en paix. Ensuite elle m'a conduit dans une chambre avec un grand lit double, et j'ai deviné que cela devait être la chambre du couple. J'ai dit à la femme : il est hors de question d'occuper votre lit, je peux m'allonger n'importe où dans la cuisine, cela ne me dérange pas. Mais elle a crié, non, ce serait encore plus gênant, j'étais quand même leur invitée. Je me sentais trop épuisée pour résister. La femme a mis son bras autour de moi et m'a guidée vers le lit géant, je me suis allongée. Ce fut une chaude nuit de juillet ou d'août, c'était un lit de plumes, je n'en avais jamais vu d'aussi épais. Je ne savais pas si je devais dormir sous ou sur le lit. Avant d'avoir pu trouver la solution, je dormais profondément, et je me suis réveillée avec le chant du coq.

Je voulais d'abord aller voir ma tante Emma, la sœur de mon père, qui vivait ici. J'ai donc pris le tram pour retourner en ville ; quand j'ai changé de rame, j'ai vu des jeunes qui attendaient à l'arrêt : ce n'étaient pas des Tchèques, ce n'étaient pas des touristes non plus. Certainement des émigrés allemands. Nous nous sommes embrassés, Herbert a dit : nous sommes si heureux de savoir que tu es sortie ! Nous devons fêter ça !

Ça m'a perturbée. Heureux ? À propos de quoi au juste ? Que pourrions-nous bien fêter ?

Il a répondu qu'il y en avait un qui avait réussi à s'échapper. Nous fêtons chaque fois que quelqu'un s'en sort.

J'ai dit qu'un de plus ici, c'était un de moins d'entre nous là-bas. Alors, vous voulez toujours fêter ça ?

Non, ils ne le voyaient pas de cette façon. Maintenant, l'important était d'en sauver le plus possible. Nous ne nous entendions visiblement pas sur ce point. Change-t-on si rapidement lorsqu'on devient un émigrant ? me suis-je demandé. Quoi qu'il en soit, ces deux m'ont donné toutes sortes d'adresses et de conseils pour s'en sortir en tant qu'émigrant.

Emma Marek était veuve ; elle occupait un vaste appartement. Si nécessaire, dit-elle, je pouvais rester chez elle quelques nuits, mais ce ne serait pas possible plus longtemps. Elle avait des sous-locataires dont elle devait tenir compte. Et son frère, notre oncle Julius, était justement là lui aussi, ainsi que notre cousin Georg de Berlin, tous deux ont fui pour atterrir chez elle. Elle n'avait tout simplement plus de lit disponible.

Il y avait aussi ma cousine Eileen et sa famille. Lorsque tante Emma l'a appelée pour l'informer de mon arrivée, elle me fit savoir qu'elle était terriblement désolée, qu'elle aurait voulu m'aider, moi et les autres membres de la famille qui se sont échappés mais, pour le moment, ce n'était vraiment pas possible, car elle avait un besoin urgent d'un nouveau manteau de fourrure. Georg et moi avons commencé à rire, nous ne pouvions plus nous arrêter, et tante Emma nous a tancés pour être si bêtes ; ce n'était pas si drôle que ça, c'était consternant.

J'ai d'abord abandonné ma valise là, celle que je traînais avec moi, puis je me suis rendue à la cantine proche de la place Venceslas. Là, selon les jeunes émigrants, on distribuait quotidiennement de la nourriture aux réfugiés.

On servait de la soupe de patates. Il y avait beaucoup de Berlinois, et quelques connaissances, chacun avait des centaines de questions. On entendait du saxon – pour les gens qui avaient dû fuir la Saxe, la frontière tchèque était la plus proche. Ils avaient tous des conseils à me prodiguer, surtout les anciens émigrants qui étaient arrivés depuis un certain temps. Avant tout, je voulais savoir où chacun avait trouvé refuge. Il existait par exemple, me dit-on, un « Home » dans la rue Vodickova, mais c'était réservé aux hommes. Les femmes trouvaient généralement à loger via les Comités. En tant que juive, je serais bien inspirée de contacter le Comité Juif. Mais je devais aussi me signaler auprès de la police pour mettre mes papiers en ordre.

Deux jeunes émigrés m'ont accompagnée. Comme ils n'avaient rien à faire, ils se proposaient pour me guider. Au commissariat, ça grouillait d'émigrants qui attendaient leurs papiers. Je me suis intégrée dans la file des nouveaux arrivants, puis on m'a remis un questionnaire en quatre pages à remplir. Je me suis assis sur un banc et j'ai voulu m'y mettre, mais j'ai remarqué qu'il s'agissait de quatre pages de questions en tchèque et, bien sûr, je n'y comprenais rien. Comment répondre à des questions qu'on ne comprend pas ? Je savais qu'après la fin de la monarchie des Habsbourg, les fonctionnaires ici refusaient souvent de comprendre l'allemand, même si c'était leur langue maternelle, car la monarchie refusait à son tour de comprendre le tchèque, réprimé, méprisé et considéré comme inférieur. Mais que pouvais-je faire maintenant de cette prise de conscience, qui ne m'aidait nullement à remplir mon questionnaire en tchèque ? J'ai hésité et, comme je ne trouvais plus mes nouveaux amis, je suis finalement retournée au comptoir pour expliquer au fonctionnaire que je ne comprenais pas les questions, et lui demander s'il pouvait m'aider ? Il m'a regardé et m'a dit dans un allemand impeccable, sans hésitation : « Je ne parle pas l'allemand. »

– S'il vous plaît, que dois-je faire ? Je ne connais vraiment pas un mot de tchèque.

– Si j'allais en Allemagne, dit-il, votre police me parlerait-elle en tchèque ? Pensez-vous qu'on me donnerait un questionnaire en tchèque ?

– Ce n'est pas *ma* police, ai-je dit fermement, je suis une réfugiée… Avez-vous l'intention de passer vos vacances dans le Troisième Reich ? Je vous souhaite bien du plaisir !

Il m'a à nouveau regardé de haut en bas, quelque peu perplexe, avant de dire : « Là derrière ! » Il m'indiquait un homme assis derrière un bureau. Cet homme m'a finalement aidé à remplir mon questionnaire. Apparemment, il avait été placé là spécialement à cet effet, mais le type au comptoir prenait juste du plaisir à rendre la vie difficile aux demandeurs. Lorsque je fus prête avec le document signé, je retournais auprès de l'homme derrière le comptoir. Il m'avait dit de revenir dans une semaine pour retirer mon permis provisoire. *Permis provisoire*, quel mot magique ! C'était la première fois que je l'entendais. Un permis pour une vie intérimaire, c'était une vérité en fait. Nous vivions une vie intérimaire, en attendant un vrai passeport, où je pourrais à nouveau être enregistrée à la police comme Lisa Ekstein. *Intérimaire*, cela signifiait : jusqu'à ce que nous puissions retourner à la maison.

Entre-temps, mes deux compagnons étaient réapparus. Ils m'ont expliqué que les émigrants avaient trouvé une échappatoire à ces inconvénients linguistiques stupides. En fait, les fonctionnaires et les policiers sont tenus de parler le français avec les étrangers qui ne comprennent pas le tchèque. Mais, comme très peu d'entre eux parlait le Français, il suffisait de leur demander : « Parlez-vous français ? » Et ils répondaient en allemand.

Je passais la nuit chez Tante Emma. Vous ne pouviez pas le voir avec sa posture rigide et ses cheveux foncés, mais elle avait soixante-dix ans, et elle gardait son âge absolument secret. Entre nous, nous l'appelions « Tante Emma la Jeune », parce que nous avions aussi une « Tante Emma l'Ancienne », qui avait probablement plus de quatre-vingts ans. Georg m'a surprise car il m'a offert son lit et a dormi sur un petit canapé, c'était un réel sacrifice, puisque ses longues guiboles tenaient à peine dans un lit normal. Le lendemain, j'ai commencé à chercher un endroit qui pourrait m'accueillir.

Tout d'abord : le Comité Juif. La directrice, Dr Schmolka, était également une nièce de Tante Emma l'Ancienne (de l'autre branche de la famille). Notre tante commune avait écrit à Marka Schmolka que j'étais une réfugiée politique et que j'avais résisté aux nazis ; elle a prié Marka d'être correct avec moi ! Mais je ne l'ai appris que plus tard.

La salle d'attente froide, peinte en blanc, était pleine de monde. Les quelques chaises étaient toutes occupées et, après avoir signalé ma présence, je me suis installée sur le rebord d'une fenêtre. Un homme s'est approché de moi, c'était un Berlinois, il m'a dit qu'il m'avait reconnue à mes jambes. J'ai encore repéré des visages familiers. On attendait des heures, et on en profitait pour parler : c'était comme ceci avant, aujourd'hui c'est comme ça, et comment cela va-t-il évoluer ? Une Fuite ! La survie ici, et la manière dont tout le monde s'y prenait pour s'en sortir. On échangeait nos impressions sur cette ville, à quel point tout était différent, certains voulaient m'emmener faire un tour dans la vieille ville. Mais je connaissais Prague ; ma mère m'avait déjà guidé à travers sa ville natale, elle m'avait non seulement montré la Poudrière, la cathédrale Saint-Guy et l'hôtel de ville, mais aussi là où elle avait vécu quand elle était enfant, où mon grand-père avait sa librairie. Aujourd'hui, ce n'était plus la même ville. Pour nous, les réfugiés, c'était comme si nous étions à l'étranger ; pour les habitants de Prague, nous étions apatrides, des réfugiés.

Mais ça n'en reste pas moins une ville impressionnante, disaient certains dans la salle d'attente.

– Oui, bien sûr, disait un jeune, mais les punaises dans les lits, il y en a partout où on nous envoie dormir, ces punaises de lit grimpent même aux murs. Nous ne savions pas que ça pouvait exister !

– En contrepartie, il y a des gens sympathiques ici !

– Mais la plupart ne comprennent même pas l'allemand.

– Mais les saucisses, qu'ils appellent ici Würschtln, sont délicieuses. Les nôtres ne sont pas à la hauteur !

– Tu as raison, ils ajoutent un condiment. Mais celui-ci a un goût différent, ils l'appellent raifort.

Le mal du pays ! ai-je pensé. La nostalgie du raifort, celui de sa langue maternelle.

On ne m'a laissé entrer que le lendemain. Le Comité Juif a distribué à certains des laissez-passer pour divers dortoirs. J'ai passé la nuit avec plusieurs émigrants chez une certaine Mme Taussig dans le centre-ville.

Le lendemain il y eut un nouvel arrivage d'émigrants ; on attendait, on bavardait. En fin de journée, la Dr Schmolka m'appela dans son bureau. Nous ne nous étions jamais rencontrées, et je n'avais entendu parler d'elle qu'épisodiquement dans la famille. Quand on parlait d'elle, l'un ou l'autre finissait toujours par dire : « Elle est si débrouillarde, cette Marka ! » À part ça, je ne savais rien d'elle.

Elle m'a dit qu'Emma, notre tante commune, m'avait annoncé auprès d'elle comme recherchée pour activités illégales, clairement en relation avec des groupes politiques de gauche. J'étais donc une réfugiée politique, et le Comité Juif ne soutient pas les réfugiés politiques.

– Même s'ils sont juifs ?

– Pas s'ils ont fui pour des raisons politiques.

– Donc, si je comprends bien, votre comité n'aide pas les Juifs s'ils se sont battus contre le régime hitlérien ?

– Nous ne sommes pas responsables de cela.

– Qui soutenez-vous alors ? ai-je demandé.

– Seulement des réfugiés juifs apolitiques, a-t-elle répondu, les personnes qui ont fui uniquement en raison de leur appartenance à la communauté juive. Il existe des assistances pour les intellectuels, pour les écrivains, pour les artistes, pour les politiciens, tu dois t'adresser à un autre comité.

Elle avait apparemment décidé depuis longtemps de se débarrasser de moi le plus vite possible. Pourquoi ? Je ne pouvais pas savoir s'il s'agissait des lignes directrices du comité ou de sa volonté personnelle. Dans tous les cas, ça n'avait aucun sens de poursuivre la discussion avec elle. Elle est tellement débrouillarde, la Marka ! me suis-je souvenue. Peut-être que des gens débrouillards ne devraient pas s'occuper de comités d'aides aux réfugiés.

Lorsque je suis sortie, j'ai mis en garde mes connaissances : « Vous devez absolument vous identifier comme apolitique. » Puis, comme on me l'a suggéré, je me suis rendue au Comité Grossmann.

Il n'y avait que quelques personnes assises dans la salle d'attente, uniquement des hommes. Certains me parurent familiers. Mais, peut-être, les avais-je vus sur des photos, ou me rappelaient-ils des convives du Café Romain. Ils me semblaient mieux vêtus que ceux dans les salles d'attente des autres comités. En l'état : les manches un peu usées, le col pas tout à fait sale, mais pas non plus tout à fait propre, et pas rasé de près. Ils étaient assis là en silence, chacun pour soi, ils n'avaient visiblement pas communiqué ou n'avaient pas envie de le faire. Alors je me suis tue à mon tour et j'ai senti que je n'étais pas non plus à ma place ici. Après quelques heures, j'ai été confiée à Kurt Grossmann, que j'ai connu brièvement par l'intermédiaire de mon père. Vous n'êtes pas à la bonne adresse, a-t-il dit. Son comité ne s'occupait que d'écrivains connus, d'artistes célèbres et autres intellectuels renommés. Comme je n'étais pas « renommée », je suis partie.

Une jeune femme que je connaissais de la ZdA (*Zentralverband der Angestellten* – Association centrale des employés) m'a conseillé de m'adresser au syndicat tchèque. Là, on lui avait promis la protection.

Ça a fonctionné. Le syndicat des employés nous a fait membres de la ZdA, comme réfugiés, avec des cartes pour un repas par jour dans la cantine syndicale et une prime pour un lit. Après cela, la vie des émigrants semblait plus acceptable.

Quelqu'un m'a procuré une annonce pour une chambre meublée dans le centre-ville, qui semblait relativement bon marché, de sorte que je pouvais peut-être me permettre le loyer, La femme parlait l'allemand et semblait sympathique. Le meublé, cependant, fut une surprise. Il avait l'air propre vu de l'extérieur, mais « meublé » signifiait qu'on y trouvait trois lits et un lavabo. J'ai regardé la propriétaire d'un air interrogateur et elle m'a expliqué :

– Oui, je vois ce que vous pensez, mais vous allez passer un bon moment ici, parce que vous aurez de la compagnie.

Cet aménagement était dû au fait que deux vieilles connaissances, des jeunes filles au demeurant, étaient justement venues à Prague. Elles travaillaient toutes les deux et ne voulaient pas me déranger pendant la journée. La nuit, de toute façon, elles dormaient.

Je n'avais pas le choix, me suis-je dit. Nous ne sommes que des émigrants. Et puis, ce n'était que de l'intérim.

Je n'eus pratiquement pas l'occasion de voir l'une de mes deux colocataires. Elle s'en allait à l'aube et rentrait tard. La seconde était une blonde affriolante, très jeune, nous nous sommes souri, mais nous ne pouvions nous comprendre davantage. Au coucher du soleil, on installait une bassine pliable dans la cuisine, on faisait chauffer de l'eau, et chacun, famille et locataires, se baignaient les uns après les autres. Je me suis dit qu'il ne s'agissait pas vraiment d'un hôtel de luxe, mais je pouvais m'y habituer.

Après une semaine environ, un matin tôt, alors que la blonde et moi dormions encore, il y eut un grand bruit à l'extérieur, puis des coups frappés à notre porte, par un poing géant. Quelqu'un cognait à la porte jusqu'à la défoncer, et j'ai vu cette grande et grosse femme se jeter en criant sur la ravissante blonde dans son lit. La jeune fille a sursauté, les deux se sont mis à crier et la grosse a agité ses deux poings dans tous les sens. Je n'ai pas compris un mot, mais c'était tout de même très agressif. La jeune fille courait en cercle dans la chambre en criant et en sanglotant, la vieille hurlant après elle.

Je me suis rapidement habillée et je suis passée à la cuisine, où se trouvait notre propriétaire, qui se bouchait les oreilles. Ce scandale me mit quelque peu mal à l'aise, mais j'avais surtout envie de savoir ce qui se passait. C'était étrange de vivre une telle scène et de n'y rien comprendre.

La femme de ménage me donna des explications dans le détail, à savoir que le fils de la grosse femme étudiait à Prague, ou plutôt qu'il aurait dû étudier. La jeune fille l'avait suivi depuis leur ville de province, d'où ils venaient tous, et le jeune homme avait déclaré qu'il abandonnerait ses études pour épouser la jeune fille. La mère menaçait maintenant le blond de l'envoyer en prison si elle n'abandonnait pas son fils illico en disparaissant de Prague. Elle a traité la jeune fille de toutes sortes de noms d'oiseaux, que la femme de ménage a répétés en tchèque, mais elle ne voulait pas me les traduire. La jeune fille refusait obstinément d'abandonner son ami étudiant, parce qu'elle l'aimait, d'où les grands cris.

Peut-être était-il temps pour moi de chercher un autre endroit où dormir.

Foyers d'émigrants

Parfois, je me rendais à la cantine des émigrants où la nourriture était plus riche et meilleure et je confiais mon laissez-passer quotidien pour la cafétéria à quelqu'un d'autre. J'aimais ces échanges. Dans la cuisine, on ne rencontrait pas seulement des amis, mais aussi les nouveaux arrivants : les réfugiés politiques. Par eux, on apprenait ce qui se passait de l'autre côté : à propos du travail au noir, des persécutions et des évasions.

Pour beaucoup de convives à la cantine, le déjeuner était le seul repas de la journée, ils n'étaient soutenus par personne d'autre. Pour la plupart, il s'agissait de travailleurs qui n'avaient jamais quitté leur pays. Et là, ils ont dû fuir : c'étaient des antifascistes, et donc pourchassés par les nazis… Une fois pris, ils étaient exécutés.

Parmi les émigrants célèbres, peu se rendaient à la cuisine. Ils avaient trouvé refuge (quelques-uns) dans divers autres endroits. Eux aussi avaient dû fuir, pour avoir combattu le fascisme avec leurs propres armes. Et eux aussi risquaient l'exécution sommaire.

À la cantine, des connaissances m'ont raconté qu'elles cherchaient à louer un appartement bon marché à partager. Ils m'encourageaient à participer. À plusieurs et avec l'aide d'un comité quelconque, même si ça devait être étroit, cela semblait possible. J'ai pensé que, même si ça devenait étroit, ce serait mieux que de se déplacer constamment pour chercher un endroit. Un nouveau quartier s'érigeait à la périphérie de Prague et nous nous y sommes rendus pour le visiter et rencontrer l'administration. Le quartier s'appelait Krč. Nous avons essayé de prononcer correctement « Krč », ce qui était loin d'être aisé. Il fallait tortillonner sa langue et souffler – le tout sans se cracher dessus. Cela finissait par ressembler davantage à « Kertch », ou encore à « Kretsch ». Les Tchèques se moquaient de nous.

L'appartement se composait d'une grande pièce, d'une cuisine minuscule et d'une petite salle de bains moderne attenante. Je me considérais comme particulièrement chanceuse, puisqu'on m'a assigné la cuisine où, à côté de la cuisinière à gaz, se trouvait un canapé pour enfant, un peu étroit, mais juste assez grand pour moi. Pendant quelques semaines, j'ai même partagé ce canapé avec Eva, qui était venue de Berlin. Le canapé avait été offert par des Tchèques qui voulaient aider les émigrants. D'autres personnes venaient aussi, de temps en temps, avec un meuble, des couvertures ou une marmite ; parfois, ils apportaient même quelque chose à manger. Ils nous expliquaient que des connaissances leur avaient parlé de notre sort.

Dans la grande chambre se trouvaient cinq lits placés l'un à côté de l'autre. Les résidents aimaient changer de lit. Comme il s'agissait d'un établissement urbain, le loyer était bas et nous avons contribué en fonction des possibilités de chacun. Au rez-de-chaussée se trouvait aussi une buanderie partagée, avec machines à laver, un véritable luxe inconnu à l'époque.

J'ai rapidement trouvé un travail payé à l'heure ; mais ce n'était qu'occasionnel. On m'a aussi renseigné une femme qui écrivait un livre en allemand et qui cherchait quelqu'un pour dactylographier le manuscrit. Il s'agissait d'un roman, elle rédigeait quelques pages manuscrites chaque jour, que j'ai ensuite recopiées sur sa petite machine à écrire. C'était censé être une histoire d'amour passionnante, avec un baron et une actrice. Lorsque l'auteure ne savait pas quoi écrire, je la conseillais : ne serait-il pas plus intéressant de faire du baron un personnage méchant ? Ou peut-être de la dame une chienne ? Je n'avais pas beaucoup d'expérience en matière de roman mais je me disais qu'il serait peut-être surprenant pour les lecteurs si les deux personnages principaux étaient finalement complices. Mais ça ne lui plaisait pas, parce que cela allait à l'encontre de son sens de l'éthique.

Chaque matin, une domestique me préparait une tasse de thé et un sandwich. Un jour où nous avions un peu plus de travail, elle me pria de rester plus longtemps, m'invitant à déjeuner avec elle, et j'ai ainsi appris à connaître la famille, qui évoquait régulièrement quelqu'un que je connaissais par l'intermédiaire de mon oncle Robert. Quand j'ai révélé cela, l'auteure m'a regardé :

– Oui, pour l'amour de Dieu, si Rat Schalek est votre oncle, vous, vous êtes la fille de qui ?

La fille de sa sœur, lui ai-je expliqué, la fille de Julie. Et il s'est avéré que la romancière avait fréquenté l'école en même temps que ma mère à Prague, elle a même pu décrire le cartable de ma mère : d'un cuir brun clair, doublé de noir, qui l'avait rendue jalouse, c'est pourquoi elle avait poussé ma mère dans les escaliers. À partir de ces révélations, j'ai reçu deux sandwichs chaque matin. C'était bienvenu, parce que j'avais toujours faim – nous avions tous toujours faim.

Un jour, un certain Jiri est apparu de nulle part. Il souhaitait aider un émigrant avec un don alimentaire. On a choisi Lenchen (un très jeune Berlinois) et moi. Était-ce parce que nous étions les plus maigres qu'on nous a présentés à M. Jiri ? Quoi qu'il en soit, M. Jiri a décidé de nous nourrir tous les deux. Jiri était un quadragénaire rondouillard et, chaque mercredi après-midi, Lenchen et moi le rencontrions en ville. Nous allions faire des courses, on prenait beaucoup de fruits et ce merveilleux jambon de Prague qui fond sur la langue. Quel changement ! Puisque jusquelà, le soir, nous mangions essentiellement du pain et du salami en promotion – la seule saucisse que nous pouvions nous permettre. Mais surtout, je me souviendrai éternellement de Jiri pour la crème aux fruits qu'il nous payait en fin de courses.

Parfois, je passais à la maison de Vodickova avec mes achats. Nous partagions les cadeaux de Jiri avec un petit groupe d'amis et nous organisions un dîner succulent. Après le repas, les résidents et leurs invités occasionnels se mettaient habituellement à chanter. Nous entamions des chants antifascistes que nous avions appris de l'autre côté de la frontière ; mais, de temps en temps aussi, quelques airs traditionnels éculés, dont nous nous moquions par le passé. Les invalides de guerre et les chômeurs les chantaient dans les arrière-cours de Berlin en attendant que quelqu'un leur jette par la fenêtre quelques pièces enveloppées dans du papier journal. L'une de ces chansons évoquait un étranger qui, fatigué par la marche, s'en retournait vers sa mère, qui le reconnaissait immédiatement, mais aussi vers une autre, une petite fleur, nommée « Ne m'oublie pas », ou encore « Oh, toi ! Mon Edelweiss ! ». Et tout le monde s'embrassait sans fin. Nous chantions également d'autres chansons qui parlaient de deux bouleaux et de trois gitans sur la lande, ou encore d'une servante brun foncé, *Hollerie et hollera !* Des chansons de la patrie. Je ne sais pas comment nous en étions arrivés là, mais vraisemblablement par nostalgie : on pensait à Stjenka Rasin qui bascula son aimée par-dessus bord, emportée par la Volga. Un nouveau venu, qui s'appelait Hans, me charmait avec sa si belle voix.

Lucie et Käthe m'avaient promis, lors de notre séparation, de venir me voir à Prague. Je les avais attendues tout un temps et, là, je pouvais à peine le croire, elles se tenaient devant moi ! Elles s'étaient aventurées par-delà les montagnes comme des oiseaux migrateurs. D'après ce qu'elles me rapportaient de nos amis, je ne pouvais être qu'effrayée par le nombre d'arrestations. Même Bruno avait été interpellé de manière ponctuelle, puis libéré peu de temps après. Maintenant, il était surveillé et devait se tenir à l'écart de tout et de tous. Käthe me raconta qu'elle avait insisté auprès de mon frère de l'épouser – un mariage blanc bien sûr – dans le but de pouvoir émigrer en toute légalité avec un passeport autrichien. Mais il avait décliné sa proposition, car lui et Eva projetaient de se marier rapidement et d'émigrer en France.

Käthe et Lucie songeaient à se détendre un peu à Prague. Mais ça n'a pas marché. Peut-être que la bonne idée aurait été de demeurer et de se promener dans les montagnes ? Elles ont donc fait leur randonnée, je suis restée en arrière. Quelque chose semblait nous séparer, pour la première fois depuis toutes ces années. Ce n'était pas comme ça que je me l'imaginais, mais cela ne me convenait pas de passer les vacances avec certains qui retournaient dans le Troisième Reich, alors que, comme émigrant, on devait rester à l'étranger.

Le cauchemar est revenu. Toujours le même. Je ne comprends pas pourquoi c'était précisément au pont de Möckern, où ils me poursuivaient, que se produisait l'horreur... Maintenant je sais, je l'ai senti dans le rêve, c'était inévitable. Au réveil, je ne me souvenais plus de rien, de ce qui s'était réellement passé au pont.

On ne pouvait rien oublier à Prague. Tant de jeunes avaient vieilli à cause de la Gestapo et dans les caves de la S.A. Parfois, j'accompagnais des malades chez des médecins tchèques qui nous offraient leur aide. Je me suis rendue à la clinique avec un jeune homme et j'ai expliqué au médecin – que je connaissais déjà – : depuis qu'il a quitté la chambre de torture, il a du sang dans les urines. J'ai deviné l'inquiétude dans le regard du médecin. Je lui ai demandé : vous avez quand même l'habitude des malades – pourquoi vous sentez-vous mal à la vue de ce patient ? Je me sens mal, a-t-il répondu, quand je vois l'horreur dont certains hommes sont capables sur leur prochain.

Entre-temps, mes parents étaient partis pour Vienne. Des proches les avaient priés de les rejoindre. Alors, mon père a essayé de renouer avec d'anciennes associations professionnelles hors d'Allemagne. Lorsqu'il eut décidé de tout placer en Allemagne à portée de main – et d'abandonner son poste dans la construction à l'export, on lui a assuré : « Cher Monsieur Ekstein, affirmaient-ils, il y aura toujours une place de choix réservée pour vous dans l'une de nos succursales à l'étranger. » Et pourtant, la maison londonienne, avec laquelle il avait tant travaillé, finit par lui expliquer, après de longues tergiversations, qu'envisager une nouvelle collaboration avec lui, aujourd'hui, en raison des circonstances particulières, serait malheureusement inconcevable (il fallait bien tenir compte du fait que la société restait allemande, etc.) Mon père a collectionné un tas de réponses dans ce genre. Ses relations passées ne lui étaient plus d'aucune utilité, comme si elles n'avaient même jamais existé. Mais il a continué à chercher.

Grâce à mon travail de dactylographie j'ai pu épargner de quoi passer quelques jours à Vienne. Là, je me suis rendue compte que mon père avait changé, il était devenu taciturne. L'optimisme qui d'habitude ne le quittait jamais, en avait pris un coup. Je m'y attendais.

J'ai cependant été surprise de retrouver ma mère inchangée, malgré tous ces tracas. Peut-être juste parce qu'elle avait toujours été plus « réaliste ». La vie « normale » s'était tout à fait effondrée, mais elle, elle ne s'effondrait pas.

Avant d'avoir l'adresse postale à Krč, j'ai communiqué à mes parents – et à quelques amis – l'adresse à Vodickova. La maison se situait en plein centre de la ville, à quelques pas de la place Venceslas, et j'y passais tous les deux jours pour relever le courrier. Un jour alors que je devais m'y rendre, j'ai demandé à Willi (le « convoyeur »), s'il avait quelque chose pour moi. Il m'a annoncé qu'il ne distribuait plus le courrier, mais que je pouvais interroger Hans, le nouvel arrivé de Berlin. Hans, qui avait en effet une lettre pour moi, avait déjà attiré mon attention à quelques reprises, et pas seulement à cause de sa voix chantante. Il se comportait différemment des autres. En quoi était-il différent ? Il gardait la tête froide, toujours serein. J'avais déjà remarqué que lorsque des différends naissaient entre résidents – qui s'énervaient souvent très vite –, on lui demandait de l'aide. Et il trouvait souvent la solution, et on se reposait sur lui, probablement et précisément parce qu'il gardait toujours la tête froide. Nous avons parlé un peu, et il me plut aussitôt. Il s'appelait Hans Fittko, originaire de Spandau.

Hans Fittko à Berlin-Spandau, 1932.

Missions frontalières

Edith Kahn a frappé à la porte qui séparait le « Pavlac » de ma cuisine. Le Pavlac est un couloir qui court, à l'extérieur de la maison, en longeant les appartements comme un long balcon. Avec leurs deux jeunes enfants, Edith et Otto Kahn vivaient au même étage que nous, mais à l'autre bout du Pavlac.

– Heinz passera plus tard, dit Edith. Il viendra avec un jeune ami. Souhaites-tu aussi nous rejoindre pour la veillée de Noël ? Ma sœur a fait des gâteaux.

Les Kahn étaient des gens charmants. Comme d'habitude, nous avons évoqué les nouvelles qui arrivaient de là-bas, et du temps que cela durerait encore… Heinz avait apporté une bouteille de vin, il ne voulait pas dire où il l'avait dénichée. Dans la maison située en dehors de Prague, où vivaient Heinz et son ami Herbert, étaient hébergés de jeunes Juifs allemands qui souhaitaient se préparer professionnellement avant de se rendre en Palestine. Après le dîner, les deux enfants ont été mis au lit dans la chambre, nous nous sommes installés dans la petite cuisine, autour de la table, et nous avons continué de bavarder : à propos de la propagande et de l'ampleur qu'elle prenait, de la campagne nazie et de ses « détracteurs ». Nous avons échangé les dernières blagues en cours de l'autre côté : à propos de Goebbels, appelé « Mickey de Wotan » ou « l'homme à la langue de feu », Goetz a dit « bon ! », et à propos du très complimenté Goering (« Guirlande gauche, guirlande droite, le ventre de plus en plus gras… et du Parlement il est le maître : notre homme s'appelle Hermann ! »), il y avait de quoi rire. Herbert, que Heinz avait ramené avec lui à la maison, avait peut-être dix-sept ou dix-huit ans ; il était un peu timide, mais il s'est joint à nous et on a passé un bon moment. Nous avons également joué à un jeu avec des pions, un jeu où il n'y avait pas grand-chose à gagner. Moi je voulais que le béret noir de Heinz soit un gage, mais il refusa catégoriquement, et sérieusement, de se séparer de sa casquette, jamais de la vie ! Nous pensions que c'était idiot et avons ri. Puis j'ai dévié la conversation sur la situation de l'émigration vers la Palestine, et Heinz a dit : « Ça s'arrange maintenant, c'est presque fini. » Je lui ai demandé s'il était sioniste, et il m'a répondu que non. Mais il n'y aurait pas d'autre choix, pour eux deux, ici ils ne pouvaient tout simplement plus quitter la maison. Et combien de temps tout cela allait-il durer, et après ? Je savais qu'il y avait aussi des opportunités en Palestine pour construire le socialisme. Je n'avais pas voulu fâcher Heinz avec ma question.

Il était tard, et je souhaitais rentrer à la maison. Edith a dit que nos deux amis avaient probablement attrapé le dernier tramway, mais ils auraient aussi pu passer la nuit ici. Elle et son mari ont dormi avec les enfants dans la chambre. Heinz et Herbert occupaient la cuisine. Heinz pensait que ce serait plus facile si Herbert et moi nous nous rendions dans notre appartement pour dormir dans ma cuisine, parce qu'il y avait autant de place là-bas qu'ici. J'ai dit : ça me fait tout drôle, moi-même je devais dormir dans la cuisine. Herbert a dit quelque chose de convenu du genre : cela m'est égal, c'est comme vous voulez. Heinz insistait, et j'ai dit fermement : « Non, il n'en est pas question ! » Puis Heinz a commencé à se quereller en prétendant que j'étais incapable de lui consentir la moindre faveur ? Qu'il était contraint de dormir en permanence avec vingt-cinq personnes dans une même pièce, et maintenant qu'il avait l'opportunité enfin de passer une nuit seul dans une chambre, non, j'étais là pour lui gâcher ce plaisir.

Cette dispute devenait trop bête pour moi, je me suis levée, j'ai dit que j'étais fatiguée, que j'allais marcher le long du Pavlac jusqu'à notre appartement et j'ai secoué la tête.

Lärm m'a réveillée le lendemain matin, en tambourinant à la porte de ma cuisine. Certains de mes colocataires sont sortis somnolents du salon pour voir ce qui se passait. J'ai ouvert la porte sur le Pavlac. Une voisine, qui parlait allemand, a dit, à bout de souffle : « Il a allumé le gaz ! » Elle pointait du doigt dans la direction de l'appartement de Kahn.

« Qui ? », ai-je demandé. « Où sont-ils ? » J'ai vu la police sortir de l'appartement des Kahn et se précipiter. Quelqu'un m'a retenu : « Non, il ne faut pas entrer là maintenant ! »

On m'a repoussée dans ma cuisine. « Mais que s'est-il passé ? Qu'en est-il des enfants ? »

« La famille est saine et sauve... le plus jeune s'est mis à crier et a réveillé les parents. Les deux jeunes hommes... Non, n'y allez pas maintenant. On va évacuer les corps. »

Les corps ! Deux jeunes hommes à Prague... enfuis d'Allemagne... deux cadavres ! Heinz n'avait pas voulu emmener le jeune Herbert dans son ultime voyage mais, alors qu'il savait que son plan était mortel, il l'a quand même réalisé. Il a ainsi précipité toute la famille, y compris les enfants ; le gaz, qui est inodore ici, avait bien sûr pénétré par les fissures de la porte. Son désir de mort était irrépressible !

Mais pourquoi ?

Cela n'avait plus vraiment d'importance maintenant mais, continuellement, je me demandais : pourquoi ne pouvait-il se séparer de son béret noir, jusque dans la mort ?

Le Café Kontinental dans l'avenue Narodni est devenu notre lieu de rencontre en soirée. Avec seulement une tasse de café et un capucin, nous pouvions passer toute la soirée attablés, et les serveurs qui nous connaissaient nous apportaient de l'eau et même des journaux. Là, nous refaisions le monde parfois jusque tard dans la nuit. Ce qui se passait là-bas était inlassablement rediscuté encore et encore :

l'attitude politique des partis de gauche, les moyens de lutte contre le fascisme...

Alors que nous nous connaissions mieux, Hans Fittko continuait de m'encourager pour que je l'accompagne au Kontinental le soir. Beaucoup d'émigrants, qui étaient des habitués, le connaissaient grâce à son travail avec Franz Pfemfert et l'« Action ». Il a rencontré plusieurs journalistes et auteurs tchèques grâce à Pfemfert (qui avait édité une anthologie de jeune poésie tchèque). Il y avait notamment Grete Reiner [9], traductrice en allemand de *Braven Soldaten schwejk* [10] de Hasek, avec ses yeux noirs brillant qu'elle soulignait encore avec un crayon fusain. Pourquoi cette Grete apparaît-elle toujours là où il se trouvait ? demandais-je à Hans. Tu te fais des idées, dit-il, c'est juste une de ses connaissances, une dame plus âgée. Bon, si tu le dis, ai-je conclu.

Ensuite, il y avait le couple Ottwalt, qui apparaissait presque tous les soirs au Kontinental. Ernst était avocat et l'auteur du livre bien connu « *Denn sie wissen, was sie tun* »[11]. Sa femme Traute venait d'une famille de

---

9 Grete Reiner était une rédactrice et écrivaine de magazines tchéco-allemande, connue pour être la première traductrice de *Les Aventures du brave soldat Švejk*, le roman satirique antimilitariste de Jaroslav Hašek.

10 *Les Aventures du brave soldat Švejk pendant la Grande Guerre* est un roman satirique inachevé de l'écrivain tchèque Jaroslav Hašek, publié en quatre tomes de 1921 à 1923. Les trois premiers tomes sont intégralement de l'auteur, tandis que le quatrième a dû être achevé après sa mort par son ami Karel Vaněk.

11 Ernst Ottwalt (1901-1943) était écrivain allemand, de son vrai nom Ernst Gottwalt Nicolas, il est mort dans un camp soviétique. Ottwalt a initialement publié « *Denn sie wassen was sie tun* » (*Parce qu'ils savent ce qu'ils font*) en 1931 chez Malik-Verlag (Berlin, 1916-1947), à peu près au même moment où il écrivait le scénario de *Kuhle Wampe ou : à qui appartient le monde ?* avec Bertolt Brecht.

pasteur, on pouvait le deviner à sa façon d'être. On pouvait aussi mesurer les efforts qu'elle développait pour s'accorder à la vie bohème de son mari.

Parfois des écrivains connus et des artistes de passage se pointaient. Ils évitaient de parler de leur destination et on ne leur posait d'ailleurs pas de question.

John Heartfield[12] a ainsi passé quelques jours avec nous. Du Kontinental, il a insisté pour que nous nous rendions dans un bar à vin, dans un endroit où on pouvait danser. Nous avons été un peu surpris par cette envie soudaine de danser mais, finalement, nous l'avons amené dans un endroit en sous-sol. Nous nous sommes retrouvés à une douzaine de personnes en sueur, entassées les uns sur les autres. Johnny a commandé quelques bouteilles de vin qu'il paya. Puis il voulut danser, mais aucun d'entre nous n'en avait vraiment envie. Si c'est comme ça, a dit Johnny, alors je vais danser seul pour vous. Nous avons formé un cercle autour de lui. Il se tenait au centre, il tourna sa casquette, la visière tournée vers l'arrière.

– Il s'agit d'une danse de marin, dit-il, une danse comme seuls les vrais marins peuvent la danser. Ce sont eux qui me l'ont apprise.

Il a donné quelque chose aux musiciens, et ils ont commencé à jouer, un mélange de différentes mélodies, de musique tzigane et de tango, de valse et de csardas... Johnny dansait... Lancé, il sautillait, raide, agitait les bras, les jambes et sa tête, comme

12 John Heartfield (Berlin 1891-Berlin-Est 1968), de son vrai nom Helmut Herzfeld, était un artiste allemand. Il fut, avec Raoul Hausmann, l'un des premiers à développer la technique du photomontage.

une marionnette. Son visage était un masque : pâle, immobile, sincère. Nous applaudissions à tout rompre, et il sautillait de plus en plus vite d'une place à une autre, écartant les jambes, comme s'il était monté sur des échasses. La danse de Johnny fit un succès, mais je ne me sentais pas tout à fait en accord avec lui ; qu'est-ce qui lui a pris ? Je ne l'avais jamais vu dans cet état auparavant.

Le lendemain, il n'est pas revenu. Où était-il parti ? Pour Moscou ? Paris ? Ou peut-être l'Amérique ?

À cette époque, à Prague, on nous témoignait, à nous les émigrants, beaucoup de sympathie. Les gens continuaient de hocher la tête par dépit en nous demandant comment nous avions pu, nous — les Allemands – laisser le national-socialisme prendre le pouvoir. « Chez nous, ça ne serait jamais arrivé ! » répétaient-ils à l'envi. Mais ils voulaient sincèrement nous aider, parce que la vie ici, loin de son pays, devait être très difficile. Grâce aux Comités, on nous distribuait des entrées pour le cinéma, et on nous invitait souvent au concert ou au théâtre.

Hans voulait m'emmener à tous les concerts, il était aussi un amateur de cinéma infatigable. Nous avons appris à aimer l'art de ce merveilleux couple de comédiens Voskovec et Weriche. Ce que ces deux-là nous offraient était totalement nouveau à nos yeux ! Et c'était d'autant plus intéressant de les entendre et les voir avec Hans, puis d'en parler avec lui.

Hans était un homme de la nuit et, lors de telles virées nocturnes, même s'il était très tard, il tenait encore à se rendre au Kontinental pour discuter avec ses amis. Il avait besoin de gens autour de lui en permanence. Et les gens avaient besoin de lui. Toutes sortes de gens.

J'ai remarqué que Willi, le « facteur » de la Vodickova, distribuait à nouveau le courrier.

– Ne m'as-tu pas dit que tu avais repris cette tâche ? demandais-je à Hans.

– Ah oui, mais seulement pour un court moment.

– Court comment ?

– Seulement quelques jours.

– Bizarre ! Quelque chose cloche. Dis-moi la vérité !

– Quand tu auras une lettre et que je pourrais apprendre à te connaître.

– Tu m'as donc menée en bateau ! Tu m'as trompée !

– Mais seulement par amour. Quand il s'agit d'amour, on ne parle pas de tromperie…

Hans venait souvent à Krč mais, parfois, il restait à l'écart, je n'avais pas de nouvelles de lui pendant des jours. Il m'avait raconté sa fuite d'Allemagne : à Berlin, Franz Pfemfert Schwager et Heinrich Schäfer, lui avaient procuré un contact avec des moniteurs de ski à la frontière tchèque. Cela ne s'est pas bien passé : le premier point de contact avec l'homme de liaison n'a pu être respecté – Hans s'est perdu en chemin mais, il a retrouvé, par hasard, l'adresse de repli qui lui avait été fournie : un refuge pour skieurs où il a pu attendre quelques jours. Finalement, le contact avec les gardes-frontières a été rétabli et ils ont pu poursuivre la route. Peu avant le passage à niveau, ils ont repéré de loin une patrouille S.A. venant dans leur direction. Le guide a indiqué un banc de neige sur la droite, ils firent un saut sans hésiter, puis une brève course à travers la vallée, et ils furent sur le territoire tchèque.

Hans avait repris contact, de Prague, avec ses aides frontaliers. C'était un groupe d'amis de la nature qui étaient prêts à conduire les réfugiés au-delà de la frontière. Ils voulaient aussi aider à faire entrer clandestinement dans le pays de la littérature contre le régime national-socialiste. Et voilà pourquoi, expliqua Hans, il disparaissait parfois de Prague. Il se rendait à la frontière pour étoffer ses réseaux.

Avec d'autres réfugiés politiques, ils ont rassemblé du matériel, rédigé des dépliants et brochures diverses. Ainsi, les coopératives de consommateurs tchèques, où il comptait des sympathisants, avaient de quoi distribuer !

Moi aussi je pouvais à nouveau participer, j'ai pu œuvrer à nouveau dans le but d'inverser le règne de la terreur : j'ai écrit, dactylographié et, parfois, je me suis rendue à la frontière pour livrer du matériel à nos agents de liaison. J'ai pris en charge des transfuges amenés par nos moniteurs de ski. Je pouvais être utile !

Mon cousin Fritz se faisait plus fréquent à Prague et m'a même rendu visite à Krč. Il avait fréquenté une école de tanneurs à Freiberg en Saxe et a pu ainsi organiser ses allers-retours entre l'Allemagne et la Tchécoslovaquie. Lorsque je l'interrogeais, il me répondit sans hésiter : Oui, je peux me charger de lettres pour vous et les passer de l'autre côté !

Lorsque nous nous sommes revus à Prague en 1986, plus de cinquante ans s'étaient écoulés. J'ai demandé à Fritz comment ça se passait en réalité avec ces « lettres », parce que j'en avais un souvenir flou. « À l'époque je n'ai bien sûr posé aucune question », a-t-il déclaré. Et, jusqu'à aujourd'hui, je ne sais pas avec certitude ce que contenaient les colis. Il était clair qu'il s'agissait de matériel illégal. J'étais heureux et fier de pouvoir contribuer à la lutte contre le régime nazi ! Les lettres n'avaient pas de destinataires lorsque je les passais de l'autre côté de la frontière. Tu ne peux pas écrire une adresse, me disais-tu, tu dois la mémoriser et l'écrire sur le paquet une fois de l'autre côté. Tu insistais tellement sur ce point que j'apprenais les adresses pour ne plus jamais les oublier. Jusqu'à aujourd'hui je me souviens du nom de cet imprimeur à Wannsee, rue Walthari 11b. J'ai fouillé dans ma mémoire, mais je n'ai rien trouvé qui ressemblait à cette adresse. Je l'avais probablement mise au rebut de ma mémoire, comme nous le faisions souvent avec tant de noms et d'adresses. Comment pourrais-je me souvenir aujourd'hui de qui était imprimeur dans la rue Walthari ?

Hans avait entre-temps déménagé de Vodickova chez des amis tchèques. Un jour, la police est arrivée dans l'appartement et l'a arrêté.

Un espion de la Gestapo s'était glissé dans le réseau frontalier des Amis de la Nature. Il a livré aux autorités tchèques tout ce qu'il savait sur les activités frontalières, il a fait un rapport sur la fuite de personnes vers la Tchécoslovaquie, sur le transport de nos fascicules vers l'Allemagne, sur les personnes qui organisaient ce trafic frontalier. Ainsi, la police tchèque a également noté le nom et l'adresse de Hans Fittko.

L'ami qui avait l'appartement dans lequel Hans avait été arrêté, n'était autre que Petr. Il appartenait à la coopérative de consommateurs avec laquelle Hans travaillait. Petr a alerté son organisation, qui a immédiatement envoyé une délégation aux autorités. À l'audition, il s'est révélé que l'arrestation avait été effectuée parce qu'un Allemand nommé Fittko – donc un étranger – s'était mêlé d'affaires politiques intérieures du pays. L'intervention de la délégation coopérative s'est durcie, brandissant la menace que, si le détenu n'était pas libéré avant 18 heures, elle se transformerait en manifestation musclée. Les autorités tchèques ont été compréhensives, à la condition que Fittko quitte le pays aussitôt libéré ; et qu'il n'y remette jamais les pieds. Pour quel motif ? Par son activité illégale, il avait mis en danger les bonnes relations existantes entre la Tchécoslovaquie et le Reich allemand.

Dès sa libération, le soir même, Hans s'est rendu à Reichenberg. Après que Petr m'en a informé, je n'ai plus eu de nouvelle pendant deux semaines. Puis Petr m'a fait savoir que j'avais rendez-vous à 10 heures dans une cave à vin. Cela signifiait-il qu'Hans était de retour à Prague ?

Oui, Hans était effectivement assis dans la cave à vin, même s'il semblait avoir changé. Il s'était laissé pousser la moustache, ses cheveux initialement noirs étaient maintenant franchement grisonnants, coupés assez court, et en désordre.

– Il est vrai que je ne te reconnais pratiquement pas, mais quand même, s'ils te prennent ici !

– Je ne pouvais pas m'en aller comme ça ! m'expliqua-t-il. Nous devions avant tout veiller à ce que la communication entre la frontière et Prague ne soit pas interrompue. Le pays de Tomáš Masaryk [13] m'a banni à vie, si je n'abandonnais pas mon combat contre le fascisme. Pays pauvre, qui croit que quelque chose comme ça ne peut pas lui arriver !

– Mais que faire maintenant ?

– J'en ai profité pour me mettre en rapport avec des amis suisses. De la littérature « subversive » est régulièrement introduite de ce pays. Nous nous rendons donc à Basel.

– Nous nous rendons à Basel ? C'est bien ce que tu dis ?

– Oui. J'y vais en premier. Et tu me rejoindras lorsque j'aurai pris mes marques.

– Et quand ?

– Vite ! Très vite ! Tu ne peux pas imaginer combien tu m'as manqué ! Alors que je t'attendais caché derrière ma moustache !

---

13 Tomáš Garrigue Masaryk est un pédagogue, sociologue, philosophe et homme d'État de la Tchécoslovaquie. Il est le premier président de la République tchécoslovaque, de l'indépendance du pays de 1918 à sa démission en 1935.

De Prague à Bâle

Nos passeports provisoires n'étaient valables qu'en Tchécoslovaquie. En cas d'expulsion, vous êtes prié de quitter le pays – mais comment faire sans document de voyage ? Avec un passeport légal émis par le Reich, il était possible d'entrer en Suisse sans visa. Mais nous, les émigrés, qui avions pour la plupart traversé la frontière en fraude, n'avions naturellement pas de passeport allemand. En outre, un permis d'entrée n'était en aucun cas l'équivalent d'un permis de séjour. Ce dernier n'était accordé que très rarement par le gouvernement suisse : il fallait avoir un compte bancaire bien fourni ou un nom connu, ou, de préférence, les deux, ce qui était le cas pour Thomas Mann par exemple. Mais la majorité des réfugiés politiques allemands, qui avaient fui vers la Suisse à cause de la menace nazie n'avaient, bien entendu, ni l'un, ni l'autre. Ils y ont donc séjourné illégalement.

Hans s'est acheté une paire de lunettes à Prague, un chapeau, une cravate pour remplacer son nœud papillon. Puis il s'est assuré qu'après son départ, le lien entre la frontière et des collaborateurs à Prague ne serait pas rompu. Il ne se montrait qu'à de rares occasions en ville. Des amis tchèques l'ont accueilli chez eux jusqu'à ce qu'il ait tout mis en ordre. Avant qu'il ne parte, un rabbin, avec qui Hans s'était lié d'amitié, nous a mariés à la hâte, en fait, pour être plus précis, lorsque nous lui avons détaillé la situation, il nous a fourni un certificat de mariage. (Je ne suis pas certaine de ce qui était écrit sur ce certificat, parce que je l'égarais la plupart du temps durant la guerre et notre fuite.) Nous avons pensé : Comment prévoir quand on aura réellement besoin d'une telle pièce d'identité ? Pour le moment, elle ne faisait de moi qu'une épouse pour la vie.

Hans n'avait pas de passeport. D'anciens amis, aujourd'hui installés à Bâle, l'aideraient à passer la frontière. Il a prétendu avoir un laissez-passer qui lui permettrait d'arriver à la frontière suisse. Je ne me souviens plus quel type de laissez-passer il évoquait.

J'avais moi-même un passeport allemand valable, mais pas à mon nom, mais celui d'Eva Rosenthal, et dont la réalisation était bâclée. Mais j'avais aussi un vrai passeport, mon propre passeport, et les Autrichiens n'avaient pas besoin de visa pour se rendre en Suisse. Bien sûr, je n'avais pas emporté le passeport avec moi lorsque j'ai fui par la frontière tchèque. Depuis lors, mon frère m'avait envoyé les pages séparées, une feuille dans chaque courrier et, finalement, la partie extérieure. Tout était bien arrivé, il ne me restait plus qu'à les assembler, méticuleusement. Ce passeport – mon vrai passeport – m'aiderait une fois en Suisse.

– Bien, dit Hans, maintenant je dois m'enfuir. Et tu me rejoindras très vite !

Tout était allé si vite et de manière si surprenante que je n'avais pas eu le temps d'y penser. Non pas que j'avais des doutes : je ne pensais qu'à le suivre, je voulais être avec lui. Mais il est également devenu clair pour moi que ces dernières semaines étaient comme un avant-goût de la vie que menait Hans Fittko, et que ma propre vie en ferait partie elle aussi.

Dès qu'Hans fut parti, je me suis mise à attendre la nouvelle que tout s'était bien passé. Je me suis promenée à travers Prague et pensai : comment vit-on à Bâle, comment vit-on en tant qu'émigré illégal ? Ici, ce n'est pas vraiment facile mais, quand même, on s'en sort. Une fois là-bas, je pourrais manquer de certaines choses. Sur ma route, je suis tombée sur un groupe de chanteurs de rue avec un accordéon et, comme à mon habitude, je me suis figée, et je n'ai pas pu m'éloigner de cette musique. Y avait-il aussi des chanteurs de rue à Basel ? Sans doute mais avec d'autres airs que ceux qui vous accompagnaient ici. On disait qu'en Suisse tout le monde était si propre !

Je suis rentrée à Krč. Entre-temps, nous avions emménagé dans un appartement plus grand, qui comportait maintenant deux chambres, avec deux rangées de lits, nous pouvions accueillir davantage d'émigrants. Anne et Berta étaient à la maison. Elles étaient toutes les deux originaires d'une petite ville de Saxe et avaient toutes les deux perdu leur mari dans la fureur nazie, mais elles évitaient d'en parler. Elles vont me manquer, pensais-je, leur amitié, leur aide, leur fierté.

Trois jours plus tard, je reçus du courrier de Basel, d'où j'en recevais maintenant presque quotidiennement. Tout s'était bien passé aux frontières. En Suisse, disait Hans, la vie ne serait pas facile pour nous, mais il était occupé à tout préparer. Il m'écrivait combien il se faisait du souci pour moi, combien il se languissait. Et à la suite de chaque lettre, je lui manquais un peu davantage.

Le moment était venu pour moi. J'ai enfilé le costume gris que j'avais déjà porté quand j'ai fui l'Allemagne, il s'agissait de mon meilleur ensemble, parce qu'on se faufile plus aisément lorsqu'on est correctement habillé. Les costumes de flanelle gris étaient très en vogue à l'époque. Lorsqu'un jour, toujours à Berlin, j'ai dit à ma mère que je voulais en acheter un chez Wertheim, elle m'a regardé de ses grands yeux : « Tu veux sérieusement t'acheter un prêt-à-porter dans ce grand magasin ? » Puis elle m'a vivement conseillé de lui rendre un service et de me rendre chez son tailleur, qui m'avait d'ailleurs confectionné l'élégant costume que je portais à Prague, avec un foulard rouge autour du cou, pour mon départ vers la Suisse. Je ne me voyais sûrement pas comme une émigrante, surtout après avoir mis le rouge à lèvres rose que j'avais acheté. Assorti à l'écharpe.

Dans le compartiment, nous n'étions que deux, un homme dans la trentaine et moi. Il était tout aussi bien habillé que moi. Il parlait l'allemand. Il parlait même très bien l'allemand. Après quelques phrases, il me demanda : êtes-vous Berlinoise ? Oui, ai-je fait. Je ne pouvais pas le nier. Êtes-vous émigrante ? poursuivit-il. Comment avez-vous deviné ? Ça se voit, a-t-il dit. Comment ça se voit ? Eh bien, à votre manière de vous exprimer.

Le rouge à lèvres n'est donc pas un camouflage génial, pensais-je. Et comment m'exprimais-je donc ?

Lui-même était un émigrant allemand, en route pour la France… Écrivain ! Il ne m'a rien dit de plus sur lui-même, pas même son nom. Il y eut une heure d'arrêt à Innsbruck, et nous nous sommes rendus pour manger ensemble dans le petit restaurant du jardin de la gare. Le paysage montagneux alentour était grandiose, et il s'avérait apaisant de s'asseoir ici, seul, juste en compagnie de cet autre émigrant. Nous n'avions pas grand-chose à nous dire. J'ai pensé qu'il s'inquiétait peut-être lui aussi pour ses papiers de voyage. Ou peut-être pense-t-il seulement à quelqu'un qu'il a hâte de retrouver. Un peu comme moi, qui pensais à Hans.

Encore deux heures ! Puis vint la frontière. Ça se passa sans anicroche, on m'a juste tamponné le passeport avec un permis d'entrée. Puis le train est entré dans la gare de Baden à Bâle, et Hans était là, sans sa stupide moustache, sans ses lunettes. Tel que je le connaissais. Ce furent de merveilleuses retrouvailles.

Aujourd'hui, ce sera encore notre lune de miel, m'a-t-il dit, la vie d'émigrant ne commencera que demain. Il avait réservé une chambre d'hôtel car, avec mon tampon d'entrée dans le passeport, je restais une touriste légale pendant quelques jours.

– Les Schwobe sont là, répondit la réceptionniste au téléphone.

– Qui sont les Schwobe ? Demandais-je à Hans en murmurant.

– Nous sommes les Schwobe.

– Pourquoi sommes-nous les Schwobe ?

– Tous ceux qui viennent d'Allemagne sont ici considérés comme les Schwobe, peu importe d'où ils viennent. Elle vient de nous inscrire.

Alors comme ça, nous sommes les Schwobe. Tout est différent ici. Le lendemain, Hans m'a montré la ville, nous nous sommes assis dans des parcs, comme nous l'avions fait tant de fois à Prague, nous avions tellement de choses à nous dire ! Nous nous sommes promenés durant des heures, il m'a montré le Rhin, qui ne ressemblait pas vraiment à celui qu'on chantait, mais il était plutôt jaune brun. J'ai appris que d'un côté se trouvait le Grand Bâle et, de l'autre, Kli-Bâle, et qu'on pouvait distinguer les habitants à leurs dialectes différents.

En tant que réfugiés illégaux, nous avons dû vivre caché, pour éviter d'être démasqué. Nous étions complètement dépendants de l'aide de nos amis suisses. L'homme qui travaillait dans le bureau et à qui nous avons été signalés comme « Schwobe », s'était rapidement proposé pour trouver un logement pour les nouveaux émigrants. Il nous a envoyés chez Eddi et Lydia, qui avaient un joli petit appartement dans le Grand Bâle.

Eddi était serveur dans un wagon-restaurant et Hans s'était lié d'amitié avec sa famille. Cette dernière disposait d'un canapé-lit dans le salon et pouvait nous accueillir pendant quelques mois, pour ensuite migrer vers une autre famille suisse ayant accepté d'accueillir des clandestins pendant quelque temps. C'est comme ça que cela s'organisait. Parfois, les hôtes suisses habillaient également les illégaux afin qu'ils ne soient pas arrêtés en rue, comme des déracinés facilement reconnaissables. Bâle n'était pas Prague : ici, il était important d'être soigné et bien habillé, comme tout le monde. J'ai remarqué que les femmes portaient des chapeaux et des gants même le matin juste pour aller faire leurs courses. Serais-je capable de m'adapter afin de ne pas attirer l'attention ?

Lydia et moi nous nous entendions à merveille. Elle était l'une des rares personnes qui, quand elle me regardait, ne me faisait pas sentir que quelque chose clochait. « Je vécus si longtemps en Allemagne ! », disait-elle, « que je peux m'imaginer combien cela doit être difficile pour vous de vous habituer à nos manières. C'est évident. »

Cela m'a fait réfléchir. « Bien sûr que nous sommes différents », ai-je dit à Hans. « Ils le prennent probablement mal ? »

Il m'a dit que nous devrions essayer de nous adapter. « Ils ont leurs agissements, à partir desquelles ils te jugent... Cela peut parfois nous paraître mesquin, mais ne sont-ils pas, à leur manière, généreux ? Ils nous cachent, nous prennent en charge, nous soignent. Ils nous aident à chasser le fascisme de notre pays. N'est-ce pas généreux ? Et courageux ? »

« C'est souvent pénible, ai-je poursuivi, surtout pour nous les femmes d'émigrants, les Suissesses, elles me regardent et elles lancent : "Ça ne peut même pas lire !" *Ça*, c'est pour moi, et *lire*, c'est tricoter.

C'est vrai, je ne sais pas tricoter, je n'ai jamais voulu tricoter, mais je ne savais pas que c'était si offensant de ne pas savoir tricoter ! Cela ne dérange certainement personne que tu ne saches pas *lire*. Tu as le droit d'être différent des hommes d'ici. Quand on fume, c'est comme ça. Pour moi, c'est bien plus inconvenant. »

Il n'y avait pas de comités de soutien pour les illégaux. Mais il y avait des familles qui s'assuraient que nous avions de quoi manger. Par mesure de précaution, et aussi pour ne pas trop charger nos hôtes, chaque jour de la semaine se voyait assigner un endroit différent pour le déjeuner.

Ce qui n'était pas très différent ici ! Hans avait changé de nom : il s'appelait Stephan. Il était trop dangereux, m'a-t-il rappelé, d'apparaître sous son vrai nom en public ; Hans Fittko avait bien fait de disparaître pour un moment. Il y avait eu cette histoire de l'homme de la S.A. de Spandau, assassiné par ses propres compagnons : l'acte avait été imputé à Hans Fittko après la « prise de pouvoir ». Et maintenant l'expulsion tchèque, qui devait être connue de la Gestapo. Ici, nous étions quand même dangereusement proches de la frontière.

Mais cela nous apportait aussi des avantages !

Une grande partie de la littérature antifasciste a été publiée à Bâle. Ici aussi, les imprimeries des coopératives ont collaboré. On imprimait des tracts, des brochures : contre la guerre et le fascisme ! Stop à la terreur ! À bas la dictature hitlérienne ! Des saynètes furent également représentées. C'étaient des brochures contenant notre littérature sous des couvertures anonymes. Comme accroches, ils choisissaient des titres, y compris des slogans publicitaires pour produits de beauté, des recettes de cuisine et même *Hermann et Dorothea* de Goethe, édition bon marché. Il était plus facile et moins dangereux de transporter et de diffuser ces petites publications, en plus grande quantité, de l'autre côté de la frontière.

Divers points de contact étaient nécessaires, car nous voulions distribuer notre littérature dans tout le canton de Baden. Des antifascistes suisses et allemands nous ont aidés à tisser de nouveaux réseaux des deux côtés de la frontière. C'étaient des communistes, des sociaux-démocrates, des syndicalistes et de nouvelles recrues qui venaient de nous rallier. Tout comme les prisonniers politiques dans les camps de concentration, nous serions nous aussi sur le front de la scission du mouvement antifasciste.

Bâle, triangle frontalier, était idéalement situé pour le trafic illégal mais, sans l'aide d'amis suisses, nous n'aurions jamais pu réaliser nos agissements. De nombreux Bâlois travaillaient de l'autre côté de la frontière, aux alentours de Lörrach et, inversement, tous les matins, des travailleurs de Baden venaient à Bâle, employés principalement dans l'entreprise pharmaceutique Ciba. Il y avait un véritable va-et-vient incessant matin et soir, sur deux roues, à pied, en tram, et on pouvait aisément se fondre dans le flot des travailleurs. La carte frontière, facile à obtenir si vous aviez des amis parmi les travailleurs suisses, suffisait amplement pour bouger. Avec quelques précautions, on pouvait également faire passer des gens de différentes régions de l'autre côté de la frontière. Attention, cela signifiait, par exemple, de ne pas parler, afin de ne pas attirer l'attention et éviter de passer pour un « Schwob ». Être habillé et ressembler aux indigènes. Il était impératif d'être habillé et de ressembler aux indigènes. Pratiquer la contrebande de littérature avec des méthodes inconnues de la Gestapo : entubés dans les barres de vélo, fourrés dans la doublure des vestes ou entre les doubles-fonds des sacs à provisions, ou encore sous les sièges des camions.

De temps en temps, nous trouvions d'autres moyens, souvent par le biais de relations personnelles. Mercredi était le jour assigné à Stephan pour aller déjeuner dans la famille G. Après le dîner, Monsieur G. et Stephan avaient pris l'habitude de jouer aux échecs en discutant. Monsieur G. était apolitique, et pourtant intarissable sur son rejet du national-socialisme. Il était inspecteur des douanes de profession. Grâce à lui, à l'aide de ses tampons et permis, l'envoi occasionnel de colis et même de boîtes devenait possible.

Quelques jeunes Juifs d'Allemagne, qu'on ne laissait plus étudier là-bas, poursuivaient leurs études à l'Université de Bâle. Leurs parents continuaient de vivre en Allemagne ; les étudiants avaient des documents de voyage valables et pouvaient résider légalement en Suisse. Nous nous étions liés d'amitié avec certains d'entre eux. Ils rendaient souvent visite à leurs parents et en profitaient pour emporter ou ramener des nouvelles de l'autre côté.

Grâce à l'un de ces étudiants, nous avons pu installer notre poste frontière dans la gare de Bâle. Avant tout, Ruth avait étudié la situation et nous avait fait rapport. Elle avait également fait un dessin de l'endroit qui lui semblait le plus approprié. C'était un peu éloigné, mais pas trop distant de la barrière entre le territoire allemand et la partie suisse de la gare. Si un transfert devait être annulé en cas d'urgence, une balustrade séparait les parties allemande et suisse jusqu'à l'extrémité du couloir. Un homme se dirigea vers cette balustrade. Je ne le connaissais pas. Je ne sais d'ailleurs toujours pas aujourd'hui qui il était. Juste l'un d'entre nous. Il semblait, selon le planning, venir de Fribourg. Cheveux bruns, de taille moyenne, chapeau feutre gris, manteau gris, chaussures noires. Une trentaine d'années. On s'imaginait bien quelqu'un qui aurait eu, inscrit dans son passeport : « Caractéristiques particulières : Aucune ». Il portait une mallette brune, à peu près la même que la mienne. Tout se déroulait exactement comme Ruth nous l'avait décrit. Oui mais, cette méthode n'était-elle pas dangereuse ? Sans que nous nous connaissions ? Ou valait-il mieux justement ne pas se connaître ? L'homme se dirigea vers la balustrade… jusqu'à un endroit précis. Nos yeux s'étaient rapidement croisés, il avait aussi jeté un regard vers mon sac, nous nous étions « reconnus ».

L'homme a placé son sac près de la balustrade. À cet endroit, la grille ne touchait pas le sol. Pendant un moment, je fus prise d'un doute, mais rapidement je repris confiance. Nous nous sommes salués comme si nous étions de vieilles connaissances qui se croisaient par hasard. J'ai posé mon sac à terre, nous avons parlé un peu. Personne ne nous regardait. Lentement j'ai commencé à faire glisser ma mallette avec mon pied dans sa direction, sous la barrière. Il a fait de même avec la sienne. Pendant un moment, je me suis dit : mon Dieu, j'ai le pied sur le sol allemand ! J'ai continué à pousser la mallette, très lentement... Elle se trouvait maintenant en Allemagne. La sienne en Suisse. C'était fait !

Nous étions d'accord avec nos contacts de l'autre côté : la littérature que nous produisions ici serait plus efficace si, en plus des slogans généraux et des appels à la lutte contre le national-socialisme, nous répondions également à des événements spécifiques en publiant des comptes rendus sur des faits divers quotidiens dans les entreprises, celles avec lesquelles nous avions des liens, nous traitions de sujets tels que : l'exploitation exponentielle, l'ingérence de la Gestapo, la politique de la terreur, avec annonces d'arrestations, les préparatifs guerriers de l'industrie...

Des usines d'armement de Karlsruhe nous parvenaient de nombreux rapports sur les conditions de travail là-bas, nous avions des contacts avec plusieurs personnes. Notre homme de liaison principal était Rudolf, ses informations arrivaient régulièrement et, comme il avait accès à plusieurs départements, nous pouvions les valoriser dans notre journal d'entreprise sans le mettre en danger. Il avait de la famille à Bâle, il sortait souvent, ce qui nous permettait de nous entretenir avec lui.

Lors d'une de ses visites, il a voulu nous rencontrer dans un endroit sûr. Nous avons convenu de nous retrouver dans l'appartement de Lydia.

– Je voudrais vous montrer quelque chose, dit-il.

Il avait des sortes de plans qu'il répandit sur la table de la cuisine.

– Savez-vous ce que c'est ? ajouta-t-il.

Stephan et deux amis se sont penchés sur les dessins.

– Des balles dum-dum !

– Super, Rudolf !

– Mais avec elles il faut être prudent, a déclaré Stephan. S'ils te prennent avec ça, ça peut devenir très désagréable !

– Je sais. Ne vous inquiétez pas.

J'ai pensé que si nous pouvions les publier, ça vaudrait le coup.

– Nous devons bien y réfléchir. Peut-être qu'un de nos pacifistes pourrait être en mesure d'évaluer la chose. Je pense à quelqu'un comme Berthold Jacob.

Un autre événement survint au même moment, mais ce n'était qu'une coïncidence : il s'agissait de l'arrestation d'Edmund.

Les émigrants allemands furent épinglés par la police suisse, principalement sur la voie publique, mais aussi dans les restaurants, les parcs et dans le tram, chaque fois qu'on pouvait les identifier – par leur façon de parler, leur apparence, leurs vêtements souvent usés. Et aussi par leur comportement qui les cataloguait comme « Schwobe ».

L'émigrant était alors emmené au quartier général de la police, parce qu'il n'avait pas de papiers de résident. Les émigrants parlaient de la plus haute montagne de Suisse, car il ne fallait pas moins de dix jours pour en redescendre. Ensuite, l'émigrant était expulsé. À décharge de la Suisse, il faut rappeler qu'à l'époque on pouvait être « expulsé » vers St. Louis, à savoir en France, et non à Lörach. L'émigrant démuni, déraciné, non rasé, était rapidement récupéré par la police Français et emmené au poste de gendarmerie. Là, il trouvait au mieux un poste de nuit, c'est-à-dire un traitement policier plutôt misérable : il était bousculé, insulté et emprisonné à l'isolement pendant des jours.

Après environ une semaine de ce régime policier, on les ramenait, sous surveillance, à la frontière suisse. À cette époque, la France non plus n'expulsait pas les émigrants de l'autre côté de la frontière allemande. Mais, selon l'humeur de la police française, ils laissaient parfois les émigrants marcher jusqu'à la frontière. Ou ils les emmenaient tout droit au poste frontière, là où ils étaient interceptés par la police suisse et emmenés directement à la préfecture de police de Bâle pour être transférés. Un va-et-vient incessant jusqu'à ce que l'émigrant réussisse à disparaître quelque part : au poste frontière, à St. Louis, à Bâle. Parfois, nos amis suisses pouvaient âtre une précieuse aide. Peppi par exemple était particulièrement inventif. Lorsqu'il apprenait que quelqu'un était détenu à St. Louis et susceptible d'être « retransféré », il se rendait aussitôt à la frontière pour voir ce qu'il pouvait faire. Un jour, ce fut le cas pour Erich, un jeune émigrant qui avait été déporté. Au moment où la police suisse a tenté de l'arrêter, Erich a commencé à courir. Peppi se tenait dans l'ombre et observait le manège. Erich s'est précipité en direction du tram, qui venait de démarrer, les deux gardes-frontières sur ses talons. Peppi s'est mis à crier : Revenez ! Revenez le plus vite possible ! Et agitez les bras avec entrain ! La police s'est retournée : mais que se passe-t-il ? Erich a sauté sur la rame et le train s'est éloigné avec lui à bord. Peppi a appelé les gardes-frontières : je ne m'adressais pas à vous, mais à lui, là-bas !

Edmund fut arrêté en pleine rue. Scénario habituel : cellule au poste à Saint-Louis, expulsé de l'autre côté de la frontière, prison française… et retour à la case départ à Bâle. Nous nous sommes rencontrés dans une brasserie.

– J'ai quelque chose à vous raconter, dit-il. Monsieur le Commissaire de St. Louis m'a invité pour le dîner !

– Et alors ?

En fait, le deuxième soir, le commissaire s'était rendu dans sa cellule. Il était très avenant et a demandé à Edmund si on l'avait bien traité. Edmund s'est dit que c'était l'occasion de se plaindre et, tout d'abord, que la nourriture qu'on lui avait présentée était immangeable. Le commissaire était vraiment désolé pour cela, et il voulait se rattraper avec un repas convenable, et un bon verre de vin. Il lui proposa de l'inviter le soir même. La curiosité d'Edmund ne faisait que s'aiguiser.

– Très bien ! Et la suite ? Demanda Stephan.

– Il m'a prié de t'inviter. Il serait ravi de dîner également avec toi. Et avec un bon verre de vin, je suppose.

– Avec moi ! Qu'est-ce que cela signifie ? Qui suis-je ?

– Tu es Stephan. On lui a parlé de toi, et ce qu'on lui a dit l'intéresse beaucoup. Puis il a ajouté : nous – lui et toi –, nous avons des intérêts communs. Il te fait savoir que tu ne seras pas déçu, et moi non plus. Un prêté pour un rendu, a-t-il encore ajouté. Alors j'ai encore voulu savoir comment il avait appris ton nom et pourquoi il tenait justement à te rencontrer toi. Quand vous travaillez près d'une frontière, vous devenez forcément curieux, affirma-t-il. Après qu'on lui a parlé de toi, qu'il apprit que tu étais bien informé, il s'est dit qu'il serait peut-être intéressant d'échanger certains renseignements. Je n'ai rien pu lui soutirer de plus.

– Tout ça me semble assez clair, a déclaré Stephan.

– Qu'il connaisse ton nom est un peu inquiétant selon moi. On dirait que quelque chose se diffuse quelque part…

– Tu vas le rencontrer ?

– Non. Trop délicat. Nous voulons aider nos camarades à la maison, dans leur combat. L'espionnage est parfois approprié, mais, pour le moment, il ne faut pas tout mélanger ! Pensons au danger que nous pourrions faire courir à nos contacts là-bas.

– Je comprends, dit Edmund. Mais moi, je suis entré innocemment dans cette affaire, et maintenant je deviens de plus en plus curieux. Comment tout cela tient-il ensemble ? Que sait au juste ce gars ? Je devrais peut-être lui parler à nouveau ?

Stephan réfléchit tout haut : « Si tu veux jouer au messager, c'est peut-être aussi une bonne opportunité pour nous. »

– Ça marche, a déclaré Edmund. Il m'a donné un laissez-passer et m'a promis un traitement prioritaire si j'avais un message à lui donner. Mais quel message au juste pourrais-je lui apporter ?

– Le message pourrait être que Stephan ne veut pas parler à un fonctionnaire qui traite si mal nos émigrants. Monsieur le Commissaire devrait d'abord veiller à ce que, désormais, les personnes qui lui sont envoyées de l'autre côté de la frontière soient traitées comme des réfugiés bénéficiant du droit à l'asile. Les mauvais traitements doivent cesser. Ils ne devraient plus être renvoyés au-delà de la frontière suisse. Voilà le message.

– Et ensuite ? demanda Edmund.

– Ensuite ? L'avenir nous le dira. Dis-lui encore que Stephan ne s'est engagé dans rien.

L'émigrant, qui fut expulsé vers la France la semaine suivante, n'avait que de bonnes choses à raconter sur le traitement subi. On l'avait libéré devant la frontière suisse. Et il allait raconter tout cela calmement à ses amis en Suisse.

– Tu nous rends un grand service à tous, a dit Stephan à Edmund. De plus en plus de Juifs allemands veulent maintenant quitter le pays.

– Mais combien de temps le commissaire pourra-t-il rester à ce poste ? demanda Edmund.

– On le maintiendra aussi longtemps que possible, et nous, on ne s'engage en rien.

– Stephan, je ne suis pas convaincu. Ne devrions-nous pas quand même travailler davantage avec cet homme ? Tout ce qui va à l'encontre du régime nazi là-bas ne devrait-il pas être notre affaire aussi ?

– Pas forcément. Pas si vous doutez des intentions de votre partenaire.

Le triangle frontalier

Avec des papiers légaux, vous pouviez simplement prendre le train de Bâle vers la France, tout comme les Français prenaient le train pour la Suisse ou l'Allemagne. Bien sûr, il y avait aussi le trafic automobile. D'Allemagne, vous pouviez être à Bâle en quinze minutes, ou de Bâle dans le Troisième Reich – que nous appelions l'« au-delà » ou « la patrie » –, parce que cette folie ne pouvait tout simplement pas durer éternellement, nous allions bien rentrer un jour !

Mais tant que durerait ce triangle frontalier, nous allions nous accommoder de contraintes inhabituelles. Les plans secrets pour la production d'armes en Allemagne nous sont tombés entre les mains. Le service d'espionnage français était prêt à nous rendre service par l'intermédiaire du *Commissaire*[14]

---

14 En français dans le texte.

en échange de messages que nous étions les seuls à posséder. Nous avons pu faire pression sur les services secrets français, qui voulaient acheter la coopération d'un émigrant nommé Stephan.

C'était une idée de Stephan de se mettre en rapport avec le journaliste Berthold Jacob, qu'il connaissait depuis longtemps. C'était l'homme de la situation, depuis des années il investiguait les préparatifs illégaux de guerre.

Mais les choses se sont déroulées d'une autre manière.

Nous ignorions que Berthold Jacob était venu à Bâle. Apparemment, il avait une piste qu'il voulait suivre. Il a rencontré des agents de liaison dans un restaurant de la ville censés le guider vers les personnes qui, elles, étaient en possession d'informations qu'il cherchait. Une voiture l'attendait pour l'emmener au point de rendez-vous.

Le lendemain matin, nous avons appris par le journal ce qui s'était passé.

– Cet idiot ! a maudit Étienne, alors que le sang lui montait au visage. Cet imbécile ! Ne se doutait-il vraiment de rien ? Manquait-il d'expérience ? Ou était-il aveugle ? Pour simplement monter dans cette voiture !

La voiture avec Berthold Jacob à bord a foncé vers et au-delà de la frontière allemande. Il se retrouvait entre les mains de la Gestapo.

Y avait-il eu de mauvaises connexions ? Peut-être que les services secrets français en savaient-ils davantage sur l'affaire. Jacob était souvent considéré comme « francophile ». Comment le piège lui a-t-il été tendu ? Cela a-t-il quelque chose à voir avec les nouvelles que nous détenions ? Avec nos contacts de l'autre côté ? Nous n'avions pas de réponses à ces questions, mais la plus grande prudence était de mise pour tous ceux qui pouvaient y être associés. Ça sentait mauvais.

Entre-temps, nous nous étions réfugiés chez la veuve Gittli, qui avait une chambre de libre pour nous. Nous pouvions enfin être tous les deux seuls, en tête à tête, autant que nous le souhaitions – et, ici, je pouvais enfin l'appeler Hans, mon mari Hans. Cependant, la veuve grommelait souvent parce que je ne rinçais pas la vaisselle comme elle le voulait, et même si je faisais un réel effort. En fait, j'avais du mal à me souvenir si je devais la rincer à l'eau chaude ou à l'eau froide ? En tout cas, tout ce que je faisais était toujours de travers. Lorsqu'elle était fâchée, elle prenait un air de bouledogue. Un jour, alors que je mettais des pommes de terre à bouillir, elle a fait un vrai scandale en me disant qu'elle ignorait que je comptais cuisiner des plats aussi compliqués. Elle m'énervait, elle voulait m'apprendre la politesse et la gentillesse, parce que je ne me rendais pas compte combien c'était adorable de sa part de nous accueillir, et que finalement nous avions besoin d'elle. C'était étrange, car elle n'avait strictement rien à reprocher à Stephan.

– Pourquoi es-tu si nerveuse ? me demanda Hans. Est-ce à cause de Jacob ?

Le pot à lait m'était déjà tombé des mains à deux reprises aujourd'hui.

– En fait, c'est à cause de la veuve Gittli, ai-je dit.

Hans a ri.

– Tu sembles avoir davantage peur d'elle que des services secrets de trois pays !

– De plus, aujourd'hui, nous sommes jeudi, le jour où je suis censée dîner avec Karl.

– Tu aimes Karl, n'est-ce pas ?

– Bien sûr que je l'aime, et il veut toujours faire pour le mieux, peut-être un peu trop pour moi. Quand j'y pense, ça me donne chaud.

Karl tenait un petit restaurant en ville. Il était grand et fort, portait une casquette blanche et un tablier rayé sur son ventre proéminent. Dans un petit jardin, il servait de la bière et des spaghettis à ses invités. Quand je suis arrivée jeudi, il m'a dit qu'il me nourrirait correctement ; une chose aussi mince que moi ne devrait pas exister en Suisse. J'avais faim, bien sûr, mais quand il m'a présenté sa casserole géante et sa truelle à ramasser les spaghettis pour les déposer sur mon assiette géante et profonde, j'ai perdu l'appétit, parce que je savais que je ne mangerais jamais tout ça de ma vie ; et pourtant, si je refusai une telle portion, Karl pourrait s'offenser, il pourrait prétendre que ses spaghettis ne sont pas assez bons pour moi, et nous pourrions ainsi perdre un bon endroit pour manger. Nous étions anxieux !

– Merci, Karl, merci, ai-je dit, avant d'avaler une bouchée. Tes spaghettis sont merveilleux, ce sont même les meilleurs, mais tu sais que je ne peux pas manger trop, j'ai un petit estomac d'oiseau…

– Aucun oiseau n'en aurait assez, affirma Karl. Tiens, en voici encore une louche…

– Merci, merci Karl, personne d'autre ne fait d'aussi bons spaghettis que toi, les meilleurs, tu ne m'en voudras pas, mais je n'en peux plus…

J'espérais juste ne pas me sentir malade ! En mangeant très lentement, ça passerait peut-être. Et le voilà qui revient de la cuisine avec une marmite pleine…

Il est émouvant, Karl.

Nous avons encore étendu la distribution de notre littérature. La Gestapo n'avait pas de nouvelle piste, personne n'avait été arrêté.

Hermann conduisait un camion pour son entreprise. Le chargement était principalement constitué de matériaux de construction. Le camion a été chargé en Suisse pour des livraisons à différents endroits en Allemagne. Environ deux fois par mois, Hermann informait les amis bâlois qu'il avait un itinéraire où il pouvait fournir des contacts.

Les brochures étaient stockées dans son garage. Les ouvriers avaient l'habitude et travaillaient vite. La routine était très sûre et, de cette façon, beaucoup de matériel était acheminé. On a engagé Robert, le copilote, qui savait déjà où étaient rangés les colis.

Comme d'habitude, le conditionnement se terminait en fin de journée et, après quelques heures de sommeil, Hermann et Robert démarraient alors qu'il faisait encore noir. On ignorait ce qui avait attiré l'attention des deux convoyeurs, peut-être un bruit. Quoi qu'il en soit, ils s'arrêtèrent sur une route de campagne inutilisée. Robert sauta du camion et regarda autour de lui. Puis, il fit signe à Hermann de descendre lui aussi.

Aussi loin qu'ils pouvaient voir, la route était recouverte de colis. Certains s'étaient éclatés en tombant, des tracts gisaient et volaient partout. Il fallait dégager au plus vite !

Un chemin de traverse menait à la forêt en bordure de la route. Les colis continuaient à s'égailler en cours de route. Au fond de la forêt, ça s'est arrêté et ils se sont retrouvés sous le véhicule. Heureusement, nos deux convoyeurs avaient leurs couteaux. Ils comprenaient ce qui s'était passé : les courroies, avec lesquelles les colis étaient attachés sous le châssis, s'étaient déchirées. Après avoir tout enlevé du véhicule, ils sont revenus à Bâle. Ils ont prétendu avoir été victimes d'une panne.

On a appris que la Gestapo avait retrouvé quelques tracts et brochures sur la route et aux abords de la forêt. Mais on n'a jamais retrouvé les auteurs.

Lydia parlait souvent du carnaval, l'événement majeur de Bâle, et elle se réjouissait de tout nous faire découvrir. Stephan n'y voyait pas vraiment d'intérêt, ce qui ne m'étonnait pas car, pour ce genre de manifestation folklorique, il avait du mal. Mais j'étais curieuse et Lydia avait passé des semaines de préparatifs pour nous deux. Elle y est allée habillée en gitane, malgré ses cheveux blonds et ses yeux bleus. Moi, elle m'a transformée en laitière, alors que je ne savais même pas le *yodeln*[15]. Je me sentais un peu

---

15 Le yodel, de l'allemand Jodel, ou Jodeln, est une technique de chant consistant à passer rapidement et de manière virtuose de la voix de poitrine à la voix de tête. On l'appelle parfois la youtse en Suisse.

ridicule, mais finalement personne ne pouvait nous reconnaître sous notre camouflage.

Nous nous sommes rendus ensemble à la séance de déguisement. Le mari de Lydia (Eddi), m'a accompagnée et, enfin, j'ai aussi réussi à persuader Stephan. Nous fûmes étonnés du résultat ! Je pensais connaître nos amis bâlois, c'étaient des gens soignés et modestes. Mais, apparemment, pas quand ils portaient un masque.

C'était un cortège sans fin de personnages masqués, avec des papes en carton et des politiciens de toutes les couleurs, des chanteurs de foire, des artistes, des danseurs désarticulés. Grands moments pour tous les arts. Où disparaissent donc tous ces talents durant l'année ? A-t-on vu cette satire, cet humour mordant une fois cette année ? Qui a créé ces affiches sublimes et drôles ? Qui dansait avec jubilation en yodelan ?

Était-ce mon amie Lydia, la bonne ménagère, qui m'a emmenée dans des restaurants surpeuplés ? Je connaissais son masque, sinon je n'aurais jamais cru cette femme capable de ça ! Cette gitane riante et dansante, entourée d'une foule d'hommes s'octroyant certaines libertés... Je n'ai jamais rien vu de tel le soir du Nouvel An au Kurfürstendamm, pas même à Pigalle. Ou peut-être m'étais-je soudain muée en philistine ? J'ai cherché Hans des yeux, mais nos deux maris avaient disparu. La gitane Lydia m'entraînait par le bras, moi la laitière, d'un endroit à un autre. Tout ça n'était pas vraiment de bon goût, c'était insolite, et j'étais curieuse de découvrir ce qui se passait dans ce monde. En nous promenant, nous avons bien sûr rencontré des émigrants, que nous connaissions, et qui se comportaient au moins avec autant d'esprit que les Bâlois. Cette mascarade s'est prolongée pendant des jours. Jusqu'à ce que, finalement, épuisées, nous nous sommes traînées jusqu'à la maison.

J'avais déjà remarqué lors de notre première étape à Prague, que certains d'entre nous étaient maintenant attirés par les plaisirs, pour lesquels ils n'avaient que du mépris auparavant. Certaines de mes connaissances, pour avoir eu avec elles des discussions sérieuses, et dont l'éducation avait consisté à apprendre les échecs – ici, soudain, elles passaient des nuits dans de sombres bars à danser, où quelques étages en sous-sol menaient à des salons privés. Là, ils s'asseyaient un verre de bière à la main, invitaient des filles tchèques à danser et tentaient de s'en approcher. C'était compréhensible, ils n'avaient rien d'autre à faire. J'ai été frappée par le fait que certains émigrants politiques se trouvaient littéralement saisis par un besoin de plaisir, et je me demandais s'il en avait été de même à l'époque de la peste. Les anniversaires se célébraient partout où il y avait de la place pour accueillir plusieurs personnes, et chaque fois que vous pouviez collecter suffisamment d'argent pour quelques bouteilles de Pilsner. Par exemple, lorsqu'il y avait quelque chose à célébrer, on buvait beaucoup, et cela devenait souvent assez barbare. Je me suis remémoré le réveillon de Nouvel An à Berlin, et la façon dont nous mangions ensemble et riions, mais nous ne connaissions pas cette fièvre de la fête.

À Bâle, il fallait faire beaucoup plus attention, car il se trouvait partout des occasions de célébrer quelque chose. Chez Lydia, par exemple, je me souviens d'une soirée avec beaucoup de vin alsacien de crus différents. Bien trop de vin pour moi, Stephan eut cette fois du mal à me ramener à la maison. Ce qui ne m'était jamais arrivé auparavant. Que célébrions-nous au juste ? Ça n'avait aucune espèce d'importance. Le but étant de se distraire !

Stephan continuait à surveiller la montre.

– À quelle heure attends-tu Georges ? demandais-je.

– Sepp a passé la frontière sur sa moto pour aller le chercher. Ils ne doivent plus être loin de Lörrach.

– Tu es sûr qu'il viendra ? ai-je ajouté. Il doit avoir peur de ce qui se passe ici, non ?

– Il n'a pas le choix.

Pas le choix ? C'était vrai. Un moment d'inattention et vous êtes pris, sans espoir de retour. Plus personne ne vous connaît, vous êtes devenu un traître.

– Il a créé des réseaux, a transporté nos brochures, dit Stephan en marchant de long en large. Le courage ne lui a pas manqué. Peut-on le condamner parce que la force lui a manqué ?

Stephan s'est figé à la fenêtre et m'a regardé.

– Ce n'est pas de cela qu'il s'agit ici !

– Je sais. Il s'agit de l'empêcher de causer d'autres dommages. Nous devons savoir ce qu'il a raconté, nous devons l'empêcher – à tout prix ! – d'en raconter davantage. Grâce à lui, tous les groupes de Baden pourraient saisis.

– Est-il avéré que c'est lui l'informateur ? demandais-je. Êtes-vous persuadés ? Et êtes-vous sûrs qu'il viendra ?

– Oui, il se doit de venir, sinon, il confirmerait nos soupçons. Il serait alors condamné des deux côtés, ici et de l'autre côté.

Oui, il devait venir. Certains qui se disent fort deviennent faibles, et d'autres qu'on estimait faibles restent forts. On se demande alors pourquoi ceux-ci plutôt que ceux-là. Il n'y a aucune explication. Mais pour qui que ce soit nous devons rester intransigeants, nous ne pouvons rien négliger, ce serait la fin de toute résistance. On ne peut se fier à rien ni à personne.

Stephan regarda à nouveau l'horloge.

– Nous nous rencontrons chez Lydia, le point de contact habituel. Lydia sait de quoi il s'agit.

– Eh bien, qu'est-ce qui se passe ? Qu'est-ce qui est si urgent ? demanda Georges enjoué en entrant.

Vu son attitude, nous pouvions presque penser que nous nous étions trompés.

– Assieds-toi, dit Stephan en montrant la chaise en face de lui.

Sepp et Willi étaient déjà installés dans la salle à manger de Lydia, autour de la table ronde, sur laquelle le soleil jetait un motif de dentelle à travers les rideaux.

– Nous t'avons fait sortir pour te parler. Tu as raison, nous sommes pressés. Quelque chose cloche de l'autre côté, tu le sais, mais tu ne nous as rien dit à ce propos. Maintenant c'est fait, il faut donc que tu nous aides à démêler le problème…

– De quoi tu parles ?

Georges lui avait coupé la parole. Étonné, il le fixait, sa voix était déterminée. Il était assis-là, squelettique, comme il s'était assis à cette table à de nombreuses reprises pour le conseiller. Mais il ne semblait plus avoir le contrôle de ses mains, ses doigts étaient agrippés sans raison à la manche de sa veste. Il nous devait la vérité !

– Nous parlons, dit lentement Stephan, du fait que tu as été arrêté et que, dans la foulée, tes contacts sont tombés.

Georges s'apprêtait à riposter...

– Attends, dit Stephan en agitant une feuille de papier. Tout d'abord, lundi, il y a deux semaines, tu as enlevé ici le matériel, comme d'habitude. Deux jours plus tard, on voit apparaître les documents dans ton bureau. Dans l'après-midi, tu disparais ; même ta femme ne sait pas où tu es, et tu restes à l'écart pendant quatre jours ! Laisse-moi finir...

Il regarda à nouveau son papier.

–... Le lundi suivant, tu es de retour à la maison, mais tu ne sors pas de chez toi, pas même pour travailler. Quelqu'un te voit à la fenêtre, et on parle de ton apparence, de la manière dont ils t'ont vêtu !

– C'est une blague ? dit Georg, les doigts serrés autour du bord de la table. J'ai dû aller chez le dentiste, ma mâchoire était enflée. J'avais une infection, j'ai fait de la fièvre et j'ai dû rester à la maison.

Il a regardé autour de la pièce et a poursuivi, en colère : « Oh ! Mais qu'est-ce que vous me voulez ? Qu'est-ce qui vous prend ? En tout cas, vous vous trompez à mon sujet ! »

Stephan le fixa.

– Mardi, Fritz a été arrêté. Le lendemain, Käthe. Pendant quatre jours la Gestapo a fait le siège en face de notre point de contact en espérant du trafic.

– Tout ça n'est que des hypothèses ! Tout est faux ! cria Georg énervé. Vous me culpabilisez sans aucune preuve !

– Ne te raconte pas d'histoires Georges, dit Sepp. Il était clair que cela ne pouvait venir que de toi, mais je voulais le prouver. Avant de venir te chercher, j'ai pu parler à l'un de nos amis de là-bas. Ils m'ont montré un classeur.

– Vous voulez m'extorquer une confession ? Et vous vous imaginez vraiment que je vais tomber dans un piège aussi grossier, avec vos vieux trucs de policiers ?

– Comment s'est déroulée cette rencontre avec Otto ? demanda Sepp. Il aurait été attrapé s'il n'avait pas compris à temps que toi tu avais été épargné.

– Mais c'est moi qui l'ai sauvé ! cria Georges. Je ne me suis pas rué sur lui, j'ai détourné le regard et je lui ai donné le temps de disparaître. Savez-vous seulement ce que cela m'aurait coûté s'ils m'avaient…

Il s'interrompit brusquement et, d'une voix tremblotante, dit : « Et maintenant… vous croyez m'avoir attiré dans ce piège ? »

Stephan lui fait un signe d'apaisement.

– Personne n'imagine que tu as voulu dénoncer Otto. Mais, dans un moment de faiblesse, tu aurais pu lâcher le morceau et parler lors de cette réunion. Ou tu l'as peut-être écrit et ils ont trouvé la note chez toi. Tu dois nous dire la vérité, Georges. Toute la vérité ! Qu'ont-ils encore tiré d'autre de toi ? Quels noms ? Que savent-ils des passages frontaliers ? D'autres connexions sont-elles à risque ?

Il se tait.

– Ta plus grande erreur serait de ne pas tout nous dire maintenant. Et ce serait loin d'être dans ton intérêt.

– Vous n'avez pas le droit de me menacer ! cria Georges. Qu'est-ce que vous voulez faire de moi ?

Ses yeux allaient de l'un à l'autre. Willi se leva et fit le tour de la table de son pas lourd. Georges grimaça brièvement puis le regarda.

– Qu'est-ce que vous voulez faire de moi ? cria-t-il à nouveau.

Il tenta de saisir le dossier de sa chaise et se redressa à moitié, les mains tremblantes. Willi a regardé autour de lui, puis il lui a tourné le dos et s'est rendu dans la cuisine. Dans le silence, vous pouviez entendre qu'on remuait de la vaisselle. Georges se laissa tomber en arrière sur la chaise, mais ses yeux continuaient de vagabonder. Willi revint sur ses pas et les yeux de Georges fixèrent la porte. Willi s'arrêta et sa silhouette massive remplit le chambranle. Il tenait une tasse à la main et sirotait un café.

– Georges, nous ne t'avons pas amené ici pour nous venger, a déclaré Stephan. Nous voulons empêcher de nouvelles arrestations, et tu vas nous aider pour cela. Tu sais que ce gang de l'autre côté n'en a pas fini avec vous. Ils vont te forcer à trahir davantage.

– Je ne suis pas un traître ! Que savez-vous au juste ? Vous, vous êtes assis ici à l'abri, vous êtes en dehors, vous n'avez aucune idée de ce que signifient pour nous les copains dans le pays, ce que rester fort veut dire, personne ne peut le supporter, personne…

Il sanglotait.

Soudain, tout est devenu très calme. Un léger murmure entra dans la pièce par la fenêtre entrouverte.

– Tu dis que tu n'es pas un traître, lui prétend Stephan. Je sais que ce n'est pas le rôle que tu t'es choisi. Mais tu leur as donné les noms de camarades, et nous devons déterminer ce qui peut encore être sauvé. La Gestapo ne te lâchera pas. Et lorsque tu auras donné tous nos amis, ils te forceront à trouver de nouveaux réseaux, et feront de toi un agent. Ils t'entraîneront de plus en plus profondément dans le marais et, s'il n'y a plus rien à tirer de toi, si tu es devenu inutile, alors, tu sais…

– Toi, tu es pire que la Gestapo ! s'écria Georges.

Avec sa main, il essuya les gouttes de sueur qui perlaient sur son front.

– Il n'y a qu'une issue, poursuit Stephan. Tu dois nous raconter tout ce qui s'est passé là-bas, puis rester ici. Nous pourrons assurer ta sécurité.

– Rester ici ? C'est de la folie ! Comment puis-je rester ici ? M'éloigner de chez moi ? Disparaître pour ne jamais revenir ?

– Pense à ce qui t'attend là-bas !

Le visage de Georges était jaune.

– Oui, j'y pense. Laissez-moi d'abord rentrer chez moi. Quand j'aurai fait le strict nécessaire, je reviendrai. Je ne peux pas laisser tomber ma femme et mon enfant, vous pouvez le comprendre !

– Nous comprenons cela, a déclaré Willi depuis la porte d'entrée. Et nous y avons pensé. Si tu retournes, tu seras à nouveau à leur merci. Toutefois, je peux faire sortir ta femme et vous pouvez vous rencontrer ici. Si elle souhaite venir avec votre enfant, nous vous installerons provisoirement quelque part. Nos amis suisses nous aideront.

Georges était assis là avec les épaules baissées, épuisé, le regard dans le vide.

– Je reste ici comme un lépreux… dit-il la langue pendante. Vous êtes quand même pires que la Gestapo !

Non, nous n'étions pas la Gestapo, nous n'utilisions pas leurs méthodes. Nous avons dû le mettre sous pression, il n'y avait pas d'autre solution.

C'est loin d'être agréable ce que nous faisons ici.

Trahison

Peter était l'un des plus jeunes d'entre nous. Il venait de la Ruhr, s'étant d'abord enfui vers le Luxembourg, avant d'atterrir ici. Nous aimions passer du temps avec lui ; il était souvent accompagné de Berti, sa jeune petite amie bâloise. Ils étaient drôles et cela nous aidait à garder la bonne humeur.

Peter a hébergé Georg et sa famille, je ne sais où, en France il me semble. On pouvait compter sur Peter, il ne se stressait jamais.

Nous étions assis un verre de vin à la main dans notre café de base. Avec Wirt et le gros Franz nous étions entre amis, nous nous sentions en sécurité avec ses attentions bienveillantes. On se demandait seulement comment nous pourrions restaurer nos réseaux de l'autre côté de la frontière, réseaux anéantis par Georges sans que d'autres aient été créés ? Qui était encore actif parmi les anciens ? Comment trouver de nouvelles recrues ? Y avait-il encore quelqu'un de l'autre côté avec de l'expérience ? Quelqu'un qui pourrait aider à reconstruire les réseaux ?

– Je vais y aller, dit Peter, je connais l'endroit. Je connais aussi quelques personnes. Peut-être pourrais-je réanimer certains passages et en activer d'autres.

Stephan le fixa longuement.

– Réfléchis bien, dit-il enfin. On peut très bien en reparler ultérieurement.

Peter passa de l'autre côté environ une semaine plus tard. Il se mêla aux travailleurs qui se rendaient de Suisse à Lörrach. Naturellement, il portait des vêtements de travail n'avait aucun bagage sinon un cabas contenant son dîner. Il avait appris tous les noms et adresses par cœur, n'avait strictement rien écrit, pas même une note. Il était très efficace et savait dans le détail comment mener son opération.

Nous avons passé plusieurs semaines sans nouvelle. C'était à prévoir, Peter allait d'abord devoir trouver ses marques. Toutefois on a soudain reçu une courte missive de Fribourg : le groupe avait été créé. Mais pas un mot sur Peter.

C'était pour nous de mauvais augure que Peter ne soit pas même évoqué. Où restait-il ?

Quelques jours passèrent encore avant que Gerhard, notre contact à Heilbronn, ne fît son apparition. Nos amis de Heilbronn avaient également été arrêtés après les Fribourgeois. Gerhard s'était enfui. Peter, lui, dès son arrivée à Heilbronn, fut arrêté avec tout le groupe… Était-il détenu par la Gestapo ? Y aurait-il un procès ? On ne savait strictement rien.

Dans un premier temps, il fallait avertir tous ceux qui, par les arrestations, étaient maintenant en danger. Et puis aussi prévenir Berti et tout lui dire. On m'avait déjà dit que la semaine dernière était devenue de plus en plus agitée. Comme je pouvais l'imaginer !

Stephan m'a envoyé un ami avec le message suivant : rends-toi tout de suite de l'autre côté chez Berti ! La famille ne sait pas quoi faire d'elle.

Quand je l'ai vue, elle m'a fait peur. Elle pleurait, elle se débattait, criait, il était clair que je ne pouvais pas la calmer. Il n'y a pas grand-chose à dire quand quelque chose comme ça se produit, mais elle ne m'entendait même pas. Son corps était gonflé, elle gémissait de douleur. Nous avons pu trouver d'urgence un médecin de confiance. Il est venu aussitôt et lui a fait une piqûre, ça l'a calmée un moment, pendant un moment. Il lui a expliqué que la douleur provenait du fait que, dans son état de stress, elle ne respirait pas régulièrement. Je l'ai veillée durant toute la nuit. Je n'oublierai jamais ce moment. (Peter fut condamné à cinq ans de prison. Les autres détenus ont écopé de peines allant de cinq à dix ans. Aucune des personnes arrêtées n'a fait de déclarations.)

Peter avait prévu de se rallier aux Brigades internationales en Espagne. Stephan y avait pensé, lui aussi. Je m'y attendais mais, après ce qui s'était passé ici, il était difficile de décider quoi que ce soit. Où se trouvait l'urgence ?

Les émigrants venus de différents pays qui voulaient se rendre en Espagne, devaient être amenés de ce côté de la frontière. De même, les Allemands empêchés dans leur lutte là-bas, souhaitaient maintenant continuer à se battre en Espagne. Surtout depuis que nos contacts avaient sauté ! Il nous fallait avant tout les restaurer. Le commissaire de Saint-Louis devait se réjouir car, pour tout cela, nous avions un besoin urgent de lui. Edmund lui avait rendu visite et lui avait dit que Le Commissaire[16] était très curieux de rencontrer ce dénommé Stephan.

J'avais tourné et retourné tout ça dans ma tête. Je m'étais aussi demandé ce qui était le plus dangereux ? Mais où et pourquoi devais-je me faire du souci pour Hans ? À la frontière allemande ou sur le front espagnol ? En fait, ça revenait au même.

La priorité était d'établir de nouvelles connexions. Nous avions bénéficié de l'aide de personnes qui voulaient se joindre à notre travail fait à la frontière et qui avaient de l'expérience. Nous en avons parlé avec Ewald, celui de Spandau.

Depuis que je connaissais Hans, nous tombions souvent sur des habitants de Berlin-Ouest-Spandau. Toutes les années où j'ai vécu à Berlin, Spandau avait été pour moi un quartier où l'on venait rarement et où l'on ne connaissait presque personne. Pour Hans et ses amis, Spandau était leur « chez-eux », leur domicile. Ils semblaient presque considérer Berlin comme une annexe de Spandau. Et c'était en fait le cas, car partout où nous nous rendions durant l'émigration, nous rencontrions toujours un cercle de vieilles connaissances, d'amis, d'aides : tous originaires de Spandau. Certains se fréquentaient depuis l'école, la plupart connaissaient au

---

16 En français dans le texte.

moins quelqu'un de la famille des autres. On était en tout cas en contact à travers la lutte contre le fascisme croissant. Tout le monde semblait connaître Hans Fittko ; bien qu'il n'ait eu que dix-huit ans lorsqu'il fut élu président du Comité de chômage de Spandau.

Oui, Ewald (de Spandau) voulait collaborer. Et quelques autres aussi.

J'étais seule à la maison. Nous vivions maintenant en ville chez un couple marié, derrière la gare de Bade. Chez eux, dans leur petite maison, nous avions notre propre chambre, c'était agréable. Ils étaient gentils et amicaux avec nous mais, malheureusement, ils se disputaient souvent. L'homme était originaire du Tessin et avait l'esprit de contradiction. Il parlait un mélange d'italien et de dialecte suisse, ce qui était particulièrement difficile à comprendre. Sa femme ne le comprenait pas elle-même, et ça finissait la plupart du temps en bagarre.

Un matin, alors que je m'étais levée tôt – Stephan s'était rendu de l'autre côté pendant trois jours, car il devait y rencontrer des amis –, j'ai d'abord entendu le grincement de la porte, puis une courte conversation et, immédiatement après, quelqu'un a frappé à notre porte. Un jeune homme, que je ne connaissais pas, se tenait là et me dit qu'il voulait me parler.

– C'est Monsieur le Procureur Gans qui m'envoie, dit-il. Il voudrait vous voir immédiatement dans son bureau.

Monsieur le Procureur ? Cela ne laissait guère prévoir quelque chose de bon. J'avais brièvement rencontré le

Dr Gans, Stephan le connaissait mieux. Tout ce que je savais, c'était qu'il était social-démocrate, qu'il était juif et qu'il ne nous était pas hostile.

– Asseyez-vous s'il vous plaît, m'a dit le Dr Gans. Je voulais discuter de quelque chose avec vous, mais ça doit rester entre nous…

Il voulait savoir où était mon mari. À Zurich, ai-je expliqué, et il devait être de retour pour le lendemain soir. De quoi s'agissait-il au juste ? Je lui demandais si je pouvais faire quelque chose en attendant ?

Oui, a dit le Dr Gans, c'était urgent. Je dois veiller à ce que mon mari ne revienne surtout pas à Bâle.

– Que voulez-vous dire au juste, Docteur ?

– Le Reich a envoyé au gouvernement fédéral suisse une demande d'extradition pour votre mari.

– Extradition ? Pour quel motif ? Sans doute pour vol qualifié ? C'est en fait ce qu'ils font pour se saisir des opposants politiques !

– Oui, exactement, vol qualifié. Malheureusement, ce qui est moins amusant, c'est que la raison invoquée pour l'extradition indique bien que votre mari est recherché pour vol qualifié dans le Reich. Voyez ces procès-verbaux. Je compte sur vous pour que cela reste bien entre nous.

C'est à ce moment-là que j'ai eu un véritable coup de chaud.

– Lisez par vous-même, a suggéré le Dr Gans. Ici, la demande d'extradition : « … *Pour raison de vol qualifié…* » Mais ce n'est pas tout. Si vous continuez la lecture, vous verrez que le gouvernement suisse a accepté la demande.

Comment était-ce possible ?

Mais oui, c'était possible.

– Et là… *La personne visée est connue sous le nom de Stephan. Nom de famille inconnu…*

Heureusement, ils ne savaient pas qui était Stephan.

– Savez-vous ce que signifie ce document-ci ? « *Le dénommé Stephan…* », oui, c'est un profil : « *Adresse inconnue, lieu de résidence dans le quartier derrière la gare… Vêtu alternativement d'un costume gris ou d'un costume bleu foncé…* » Ensuite : *âge approximatif, taille, poids.* Enfin : *aspect dentaire, avant gauche, cause un léger zézaiement…* Et ainsi de suite. Lisez cette fiche afin de comprendre pourquoi je voulais vous parler tout de suite. Le gouvernement fédéral n'a pas seulement accédé à la demande, il a également accepté de rechercher cet homme dénommé Stephan. Le Commando Spécial de la police suisse se dirige en ce moment vers Bâle…

La coopération entre certaines hautes autorités de la police suisse et la Gestapo étaient de notoriété…

– J'espère que vous pourrez empêcher votre mari de revenir à Bâle. Je n'ai pas besoin de vous expliquer qu'il court un grand risque ici, surtout à Bâle. Mais il est en danger dans toute la Suisse.

Évidemment. Mais qu'y avait-il lieu de faire maintenant ? Comment pouvais-je le joindre à temps à Zurich ? Je n'avais que l'adresse des amis avec lesquels il voulait rester et celle de ceux chez qui il comptait passer la nuit. Je ne connaissais pas ces gens. Je devais avant tout trouver quelqu'un qui se rendait à Zurich pour prévenir Stephan. Pas un émigrant, ce serait trop dangereux. Il fallait que ce soit un Suisse. À qui pouvais-je me fier ?

Ce n'était pas facile. J'en ai parlé à quelques amis, mais les hommes travaillaient la journée, et les femmes ne pouvaient pas nécessairement quitter la maison et laisser leurs enfants seuls. Il n'y avait pas non plus de train de nuit pour Zurich.

Puis je me suis rappelée de Peppi : je me suis rendue chez lui et j'ai parlé à sa femme Marie. Elle pouvait le joindre pendant le travail. D'accord, a-t-il dit, je vais me rendre à Zurich à moto. Il rentrerait tard le soir même en train, je pouvais l'attendre avec Marie pour savoir s'il y était arrivé.

Plus tard dans la cuisine, j'ai expliqué à Marie que je me demandais comment la Gestapo avait bien pu apprendre l'identité de Stephan ? Qui avait pu donner cette description détaillée, comme la disposition de ses dents ?...

Soudain, lorsque le Dr Gans m'a montré la description du profil dans son bureau, j'ai remarqué cette note qui disait : « *Source des informations Frl. Hilde K.* » Le nom de famille était barré.

Je savais de qui il s'agissait !

Notre ami Ludwig, de l'autre côté, avait une fiancée à Bâle, elle s'appelait Hilde. Ludwig était originaire de la région de Lörrach. Il était en contact avec nous depuis longtemps. Quelques semaines plus tôt, il avait été arrêté et torturé, mais il n'avait rien lâché. On nous avait dit que Hilde lui avait rendu visite en prison. Je savais aussi que Hilde vivait dans le même quartier que nous. Nous l'avions rencontrée par l'intermédiaire de Ludwig et, même avant l'arrestation, Stephan et moi l'avions rencontrée un soir, nous avions discuté un peu.

C'était évident : la Gestapo avait promis à Hilde la libération de son fiancé si elle fournissait des informations sur les personnes avec lesquelles Ludwig était en contact à Bâle. C'étaient les méthodes bien connues de la Gestapo.

Je me suis souvenue de la façon dont Ludwig a dit un jour dans une conversation : Hilde ne s'intéresse pas à la politique, elle ne la comprend pas. Quand il a été arrêté, elle était désespérée et ne pouvait supporter l'idée que Ludwig soit torturé. Elle a donc fait ce qu'on lui demandait pour qu'il soit libéré.

Était-elle consciente de ce qu'elle avait fait ? Certainement. Avait-elle des remords ? À peine. Son Ludwig passait avant tout. Elle n'avait pas agi correctement, mais ce n'était pas surprenant.

Peppi n'avait pas pu retrouver Stephan à Zurich. Mais il avait parlé avec les gens chez qui Stephan aurait dû passer la nuit, il leur a laissé une courte lettre qui lui était adressée.

Il était déjà tard et je suis rentrée chez moi.

– Sois prudente, m'a dit Marie. Le Commando Spécial a peut-être déjà encerclé tout le quartier pour l'attendre.

Les rues étaient désertes et sombres. Je n'ai rien remarqué de particulier.

En montant les escaliers menant à notre chambre, j'ai pris conscience de mon état de fatigue. Cela avait été une journée angoissante, énervante. Nous avions sans doute évité le pire. Hans se mettrait probablement en contact avec moi dès le lendemain.

Une fois dans la chambre, j'ai allumé. Stephan était allongé dans le lit.

– Où est-ce que tu traînes au juste la moitié de la nuit quand je ne suis pas là ? demanda-t-il.

C'était une de ses questions favorites, mais je le connaissais – même s'il était contrarié d'avoir trouvé un lit vide en rentrant.

Il ne manquait plus que ça : l'homme nommé Stephan était contrarié. J'ai dû m'asseoir.

Comment es-tu rentré si vite aujourd'hui ? N'as-tu rien remarqué sur le chemin du retour ?

– J'ai eu fini plus tôt que prévu… Remarqué ? Que veux-tu dire ?

– Comment es-tu arrivé ici ? Le quartier est probablement complètement bouclé pour t'attraper ! Tu dois y aller, ils veulent t'avoir…

Je lui ai raconté toute l'histoire : « Que faire ? »

Hans s'était levé et faisait le tour de la pièce.

– Rien pour le moment, en tout cas jusqu'à demain. Il me faudra trois ou quatre jours pour m'assurer que les contacts ne vont pas se rompre.

Je voulais encore lui demander s'il comptait vraiment s'y rendre, malgré les avis reprenant sa description ; mais cela n'avait pas de sens, je n'aurais de toute façon pas pu l'en dissuader. Ça s'était passé exactement comme à Prague lorsqu'il a été expulsé. Le lendemain matin, je me suis rendue seule en ville, puis on lui a dit qu'il pouvait venir, je n'avais remarqué aucune présence policière. Il est allé chez Lydia et Eddi, moi chez Marie et Peppi, où nous allions rester jusqu'à notre départ. Les amis nous ont apporté le nécessaire de notre appartement. Stephan laissa Lydia s'arranger avec les gens qui nous étaient indispensables. Il ne quitta pas la maison pendant quatre jours. Quatre jours, difficiles à supporter pour moi et, certainement, pour lui, mais on ne le remarquait pas, il semblait calme, comme s'il réglait simplement quelques affaires. Je connaissais cette attitude : ce n'est que lorsqu'il serait passé de l'autre côté, lorsque tout se serait bien déroulé, qu'il se détendrait enfin. Ensuite, il commencerait à faire des révélations durant son sommeil, et il me faudrait le maintenir éveillé. Il m'a expliqué que cela l'avait pris au cours de l'année passée à Berlin ; il avait parlé dans son sommeil de réunions nazies, ses sœurs n'avaient pas pu le réveiller.

Le quatrième jour était le bon. Nos amis avaient préparé une « fête champêtre ». Un petit groupe d'hommes s'avançait dans les champs avec Hans. Ils connaissaient bien la région, savaient exactement où l'on était en sécurité, où l'on ne pouvait pas rencontrer de douaniers ou de policiers. Du côté Français, ils se sont rendus dans la première auberge qui s'est présentée et ont commandé un verre de vin alsacien, avant de reprendre la route. Peppi a accompagné Stephan à la gare où elle lui a acheté un billet pour Mulhouse.

Entretemps, j'ai pris le tram pour Saint-Louis avec quelques copines suisses. Nous portions les traditionnels sacs à provisions et certains avaient même leur tricot avec eux. Je ne savais toujours pas tricoter, malgré nos deux années et demie en Suisse. C'était une joyeuse compagnie, nous discutions à tort et à travers et on riait beaucoup. J'ai ri moi aussi, mais j'évitais de parler, parce que mon dialecte ressemblait trop au Schwobisch. Comme tous les passagers, nous

avons montré nos cartes frontalières lors du contrôle.
J'en avais une aussi.

Nous ne voulions pas nous attarder à Saint-Louis.
Après un court adieu, nous nous sommes séparés et
Marie m'a accompagnée à la gare. J'ai pris un billet
pour Mulhouse et je suis montée dans le premier train.

Là, j'allais revoir Stephan, non, Hans…

Hollande

À Amsterdam, j'eus l'impression que cela ne faisait que quelques jours que nous nous étions vus à la gare de Mulhouse. Je me tenais devant un poêle et je me tournais toutes les minutes pour que les flammes me réchauffent tantôt de face, tantôt de dos, puis de côté. Parce que, si on ne se tenait pas dans l'axe du poêle, cette grande pièce paraissait humide et froide, comme l'air d'Amsterdam en général.

Au guichet de Mulhouse, j'avais demandé deux billets pour Paris et donc, sans plus tarder, nous nous retrouvions en France. Marie avait corrigé mon accent.

– Deux billets pour Paris… disait-elle. Non, le « P » n'a pas de « H » aspiré…

Puis nous nous sommes assis dans le train, et Paris s'est rapproché de plus en plus, et la Suisse, avec ses dangers, la Suisse de ces dernières semaines, s'est lentement éloignée à l'arrière-plan. Mes parents vivaient maintenant à Paris, tout comme mon frère Hans et Eva qui, depuis, s'étaient mariés. Dans le minuscule appartement d'une pièce de mes parents, nous avons d'abord dormi par terre pendant quelques jours. Dans le logement chez mon frère et Eva, il n'y avait pas même de place pour cela, ce n'était pas une pièce, mais plutôt juste une chambre. J'étais préparé au fait que la vie d'émigré à Paris ne serait pas une lune de miel ; elle nous avait souvent été décrite et de manière très vivante par des émigrants qui y avaient passé un certain temps, mais je fus effrayée de découvrir la réalité. Et pourtant, ce fut un réconfort de passer quelques jours réunis, de pouvoir parler librement.

Hans était resté en correspondance avec des amis qui étaient déjà venus à Amsterdam. Hermann et Elli nous avaient écrit à plusieurs reprises qu'ils espéraient nous voir les suivre. Ils nous ont fait comprendre qu'il fallait des gens d'expérience qui pouvaient organiser un travail frontalier. Ils pouvaient nous accueillir.

Nous savions que la Hollande n'était pas un pays facile pour des émigrants comme nous – probablement l'un des pays où le danger était même le plus grand. Le gouvernement de l'époque expulsait manu militari les réfugiés de l'autre côté de la frontière allemande. Directement dans les bras de la Gestapo. Il fallait être particulièrement prudent.

En route vers la Hollande, nous n'étions pas très à l'aise avec nos faux passeports, mais nous sommes passés. Afin de prévenir toute éventualité, Hans avait reçu des passeports d'un couple de Zurichois de notre génération dans lesquels les photos avaient été parfaitement échangées. Et me voilà donc dans cette pièce froide, en compagnie du chat gris Grijsje, à mes pieds. Je me tournais face à la cheminée et, quand ça devenait trop chaud à l'avant, je faisais un demi-tour, et vice et versa. Hans était parti vers le nord, à Groningue, pour rencontrer des gens qui acheminaient du matériel par la frontière.

Grâce à l'intervention d'Elli et de Hermann, nous avons atterri dans une famille de comédiens. Ces gens, amicaux et drôles, ne pouvaient souvent pas trouver d'emploi parce qu'ils avaient la réputation d'être trop instables. Néanmoins, tout ce qu'ils trouvaient à manger, ils le partageaient avec nous.

Nos hôtes ne parlaient pas allemand, ce qui rendait la communication difficile. C'était plus facile pour moi que pour Hans, parce qu'après peu de temps, la langue que j'avais parlée durant un an quand j'étais enfant, me revenait progressivement. À cette époque, j'avais été envoyée en Hollande avec un groupe d'enfants viennois affamés et, là, à Apeldoorn, j'avais été éduquée et nourrie par une famille. Ce n'est qu'après des mois que « Zuster », ma mère adoptive, s'est rendue compte que j'oubliais ma langue maternelle. Il importait maintenant que mon néerlandais n'ait pas l'accent allemand ! Hans ne m'adressait pas la parole en rue. S'il y avait quelque chose à dire, je m'en chargeais. Si nous avions besoin d'un sirop contre la toux, je devais le réclamer à la pharmacie. Si nous voulions prendre un café quelque part, c'est moi qui passais la commande. Et chez le poissonnier du coin, c'est moi, et non Hans, qui achetais le Matjesheringe. C'était particulier. Nous étions coupés de tout, nous ne fréquentions que quelques personnes, le moins possible. Parfois, l'un ou l'autre passait, par exemple Hermann et Elli et, alors, nous pouvions à nouveau parler librement, sans avoir à fuir, sans chuchoter, sans veiller à ce qu'on ne nous entende pas.

J'étais souvent seule. Hans se rendait dans les zones frontalières et passait plusieurs jours dans différents endroits. Il y avait de nouveaux réseaux et points de contact, des tracts ont été acheminés, des réfugiés amenés de l'autre côté de la frontière. Les contacts à la frontière ont accueilli Hans comme s'il s'agissait d'un vieux de la vieille. Ils voulaient collaborer, et Hans se sentait en sécurité parmi eux – pour autant qu'il était possible de se sentir sûr dans notre situation. Pendant son absence, j'assurais la liaison avec nos agents qui se rendaient à Amsterdam en provenance des zones frontalières.

Je me sentais esseulée. Hans se trouvait à la frontière, j'étais consciente du danger qu'il courait en permanence. Je pensais que pendant des années j'avais désiré des choses que les gens aiment faire et qui appartiennent à une vie normale. Maintenant, j'avais le temps pour faire ces choses, mais j'étais seule ; seule avec Grijsje, le chat gris, qui se blottissait autour de mes pieds. Toutefois, j'aimais me promener en ville, souvent j'y passais toute une journée, je marchais le long des quais à travers les vieux quartiers d'Amsterdam. Parfois, notre famille d'acteurs m'offrait un billet gratuit pour le Concertgebouw. Le Rijksmuseum était mon endroit préféré. Je lisais beaucoup – pendant des années, nous n'avions pas pu nous le permettre à cause de nos vies stressées. J'avais aussi besoin d'écrire. Il s'agissait surtout de descriptions de la vie quotidienne de l'émigration, dans l'illégalité, dans la lutte contre le régime de la barbarie. Parfois, j'écrivais sous la forme d'un journal intime, parce que je voulais saisir l'instant. Ou, plus exactement, la façon dont je le vivais. Je me concentrais sur chaque détail. Je ne savais pas si ce que j'écrivais pourrait un jour être publié, mais je m'en fichais. Peut-être plus tard, quand nos espoirs se seraient réalisés…

Quand Hans est rentré à la maison, il était fatigué et agité. Il ne parvenait pas à se détendre.

– Raconte-moi ce qui s'est passé pendant mon absence, disait-il.

– Ici ? Il ne se passe rien.

– Quand même, raconte-moi n'importe quoi. Du quotidien, des faits divers, des choses qui ne donnent pas à penser. J'aimerais juste entendre ta voix, ça me ferait du bien.

Mais ça n'a pas fonctionné. Il n'y avait rien de réellement divertissant. Comment ne pas s'accrocher aux évènements ? Ici nous étions en quelque sorte coupés du monde et il n'était pas aisé de s'informer, sinon par ce que publiaient les quotidiens. Lorsqu'une de nos connaissances passait nous voir et que nous étions entre nous, les échanges fusaient.

La situation de la guerre civile espagnole. Les journaux disaient-ils la vérité ? Un poème de Jef

Last[17], lu dans un magazine néerlandais, ne me quittait plus :

… et sans les braises dans nos cœurs
Nous n'aurions pas enduré ce froid.

Les procès à Moscou… Nous nous demandons comment tout cela a pu être possible mais nous ne trouvons pas de réponse. Pouvions-nous seulement nous taire à propos de tout cela ? Que cela signifie-t-il pour nous ?

– Nous ne pouvons nous casser la tête sur ce qu'ils font là-bas, a déclaré Hermann.

– Tu veux dire que nous devrions faire comme si cela ne nous concernait pas ?

– N'avons-nous pas assez avec nos propres soucis ?

Oui, combien de temps cela durera-t-il encore pour nous ? Voilà déjà cinq ans que tout cela avait commencé… Mais, quoi qu'il puisse arriver, nous ne renoncerions jamais à résistance.

De plus, le risque de voir éclater la guerre était bien présent. Pourrions-nous aider à l'éviter ?

Je repensais régulièrement à Apeldoorn ; ce n'était pas si loin en train. J'aurais adoré revoir la maison dans la prairie, avec la roseraie en façade et le petit chemin

---

17 Jef Last (1898-1972), journaliste hollandais, poète, romancier, essayiste, traducteur, grand voyageur polyglotte. Ami depuis 1934 avec Gide (frais converti au communisme) à l'occasion d'un grand meeting parisien, il l'accompagna en U.R.S.S en 1936, avant de s'engager dans les milices républicaines espagnoles et de devenir un des chefs de la résistance hollandaise. Par la suite, il professa à Bali puis, comme docteur en sinologie à l'Université de Hambourg. Il a notamment publié *Lettres d'Espagne* (1939) et *Zuyderzee* (préfacé par André Gide).

de galets qui la contournait. Le potager et le verger derrière la maison où j'avais cueilli ces grosses fraises et, plus tard, en été, les bleuets dans la forêt. Cette lande, dans laquelle j'aimais me promener des heures durant ! Et Zuster, qui maintenant devait être une vieille dame. Tout cela, à seulement quelques heures de route !

– Est-ce réalisable sans commettre la plus grande des bêtises ? questionnait Hans. Et de quelle façon ? Nous n'avons pas même de nom à communiquer ! Et puis, quand je pense à toutes les questions qu'ils pourraient nous poser. Il faut attendre une opportunité…

Apeldorn était écrit sur le panneau qu'on m'avait accroché autour de mon cou à la gare de Vienne. C'était en 1919, peu après la guerre. Ma mère m'a lavé la tête toute la soirée et une partie de la nuit. Parce qu'après ce lavage, les cheveux sentaient le pétrole et cette odeur était ressentie lors de longues périodes. Je n'avais jamais eu de poux mais, soi-disant, ils s'attrapaient rapidement à l'école, surtout moi avec mes cheveux épais et crépus. Je voulais savoir pourquoi, en ce moment précis, Marie surtout, originaire de Haute-Autriche, disait : « Cela vient de la guerre. »

En fait, tout venait toujours de la guerre.

L'examen des poux, le lendemain, fut un supplice. Si quelque chose semblait suspect chez un enfant, les cheveux étaient coupés court. Quand ça grouillait de poux, on leur faisait la boule à zéro, sur laquelle on répandait ensuite « quelque chose ». Les femmes qui rasaient prétendaient toutes qu'il s'agissait d'une légende à propos des poux. On n'a rien trouvé chez moi par exemple, mais j'étais terrifiée rien qu'à l'idée de voir toutes ces Commissions en charge des poux penchées sur mes cheveux.

Les enfants viennois affamés ont été acheminés par trains spéciaux vers des pays neutres. On nous expliquait que, là-bas, il y aurait suffisamment à manger et que ces gens voulaient nous accueillir avant que nous ne tombions malades. C'est comme cela que mon frère s'est retrouvé au Danemark, ma cousine en Suède et moi en Hollande. Ces trains étaient extrêmement lents, nous étions en route depuis trois jours et trois nuits. J'avais un siège côté fenêtre et je m'endormais souvent. Lorsque j'étais réveillée, je regardais à travers la vitre, au loin, et j'ai vu une haute cheminée noire. Elle était très haute et semblait grandir petit à petit, jusqu'à toucher le ciel. Il me semblait que notre train tournait en rond autour d'elle. Puis, la cheminée a commencé à tanguer, j'étais contente que nous nous trouvions loin d'elle. Finalement, on s'y attendait : l'énorme cheminée noire s'est écrasée de tout son long. C'était relativement excitant. Je me suis souvenue de mes parents restés à Vienne alors que moi je m'éloignais d'eux en Hollande… À qui pouvais-je raconter ce que je venais de voir ? Et j'ai commencé à pleurer. Des adultes se sont approchés pour me consoler en disant : elle a probablement fait un mauvais rêve. L'un d'eux a dit : non, elle a le mal du pays.

À la gare d'Apeldoorn, un comité d'accueil et un groupe de scouts nous entendaient pour nous emmener chez nos parents d'accueil. Ils étaient beaucoup plus âgés que nous, peut-être seize ou dix-sept ans, ils étaient tous à vélo. Le scout qui m'a pris en charge ne parlait pas je craignais que tous les deux nous ne tombions à terre. Cette barre me faisait mal aux fesses et broyait mes os. C'était un long voyage – la maison se situait en dehors de la ville –, je glissais sur cette barre, c'était douloureux. Quand je voulais adopter une autre position, je perturbais mon partenaire.

Lorsque nous sommes finalement arrivés, il faisait presque nuit. C'était une maison avec une forêt noire en arrière-plan ! La femme qui m'accueillit parlait allemand. Cela m'a quelque peu rassuré. Elle m'a dit que je devais l'appeler Zuster, ce qui signifie sœur, elle était infirmière. Les enfants qui se trouvaient encore là-bas, l'appelaient tous Zuster. Elle m'a expliqué qu'il s'agissait d'enfants hollandais qui lui avaient été envoyés pour être hébergés chez elle, et elle a pensé qu'un enfant de Vienne pouvait se joindre à eux. J'étais cet enfant viennois, mais question d'hébergement, ça a pris du temps. Zuster m'a servi une soupe qui goûtait l'eau tiède, elle m'a expliqué que le médecin lui avait conseillé de nourrir les enfants viennois avec ce genre de soupe pendant dix jours car, après la longue période de disette, notre estomac ne tolérerait plus la graisse.

Nous étions censés rester trois mois pour être fortifié. J'ai ainsi pris du poids, mais Zuster a écrit à mes parents de me laisser encore un peu auprès d'elle, sinon je risquais de perdre à nouveau du poids. Après un échange épistolaire, mes parents ont admis qu'il y avait encore un problème d'approvisionnement à Vienne. Entre-temps, les autres enfants m'avaient appris le néerlandais, on m'a mise à l'école, et j'ai perdu l'usage de l'allemand. À l'école, je chantais en chœur :

Wilhelmus van Nassouwe
Ben ick van Duytschen bloet…[18]

Je suis restée une année entière et à la fin je n'étais plus si pâle ni si maigre que lors de mon arrivée de Vienne.

Tout cela se passait en 1920. Et nous étions aujourd'hui en janvier 1938 ; je savais qu'il serait trop dangereux pour moi d'apparaître à Apeldoorn aujourd'hui, avec de faux papiers, accompagnée d'un homme illégal. C'était impossible. Je ne reverrai probablement pas Zuster et sa maison en lisière de la forêt. Aujourd'hui encore cela me rend triste lorsque j'y pense.

Quand ce fut la saison des tulipes, j'ai persuadé Hans de nous rendre à Haarlem. Là, dans la foule de visiteurs, ce n'était pas plus dangereux qu'à Amsterdam. Nous y avons passé une merveilleuse journée, au milieu de ce monde floral lumineux. On nous en avait beaucoup parlé mais, ce que nous avons vu là, ces champs de couleurs infinis, nous ne l'avions pas imaginé. En plus c'était un bonheur que d'être hors de la ville, à l'extérieur, ailleurs…

Il était tard quand nous sommes rentrés à la maison. Un ami venu de la frontière nous attendait.

– Plusieurs de nos agents de liaison ont été arrêtés là-bas. Je dois disparaître le plus vite possible…

---

18 Guillaume de Nassau / Suis-je de sang allemand…

Paris

Paris m'était familier. Cette ville, passionnante, j'y avais étudié – dix années s'étaient écoulées ! Je me souvenais de Montparnasse, le joli petit hôtel de la rue de la Gaîté, les cours et conférences du boulevard Raspail, les cafés d'étudiants, tout cela était toujours là. Et pourtant, cela n'avait plus rien à voir avec le Paris que je retrouvais aujourd'hui – en 1938 –, une ville qui grouillait d'émigrés allemands, pleine de gens sans permis de travail, à la recherche d'un boulot, d'une raison d'être, souvent même sans le moindre permis de séjour. Ce Paris-là, je ne le connaissais pas.

Nous avons obtenu notre premier job par l'intermédiaire du Comité de secours aux émigrants. C'était un coup de chance, nous a-t-on dit, d'avoir trouvé quelque chose si rapidement. Se débrouiller pour obtenir un travail sans permis, c'est ce que tout le monde recherchait. Pour nous, les émigrants ordinaires, obtenir une carte de travail était hors de question. Bien sûr, ce fut une opportunité lorsqu'on nous a annoncé qu'on cherchait un couple marié, et que le travail comprenait le lit et le couvert.

Nous avons donc été recommandés à un certain M. Böhm. Il s'agissait d'un émigré de Munich, où il avait tenu une imprimerie d'art, qu'il avait reconstituée à Paris. Le couple recherché était censé faire le ménage pour lui et ses deux fils de dix et quinze ans. Sa femme était partie pour un an rendre visite à son oncle en Amérique, ce qui me surprit pour le moins à l'époque !

M. Böhm a voulu nous rassurer en nous disant que nous n'aurions pas grand-chose à faire question ménage. En attendant, Hans devrait écrire des adresses pour une entreprise de vente par correspondance, environ un millier d'adresses par jour. « Mille adresses ? » s'étonnait Hans. « Mais vous êtes un comique ! Et pourquoi devrions-nous réaliser ce travail d'esclave ? » « Eh bien, pour l'hébergement et la nourriture, bien sûr », a déclaré M. Böhm. D'une manière ou d'une autre, il devait aussi rentrer dans ses frais, il s'agissait sans doute de compenser sa grande bonté, par ailleurs, avec les nouveaux émigrants.

Notre soi-disant « hébergement » était en fait une sorte de débarras où il était difficile d'atteindre le lit. Il n'y avait pas de literie.

M. Böhm s'occupait lui-même de l'approvisionnement au quotidien. Chaque jour, il rentrait à la maison avec de la viande hachée et un bouquet de fleurs : un tiers de viande, deux tiers de pain ; chaque ingrédient devait être pesé, sinon il ne voulait pas le manger. Le souper se composait de poisson fumé et de pain. M. Böhm distribuait la nourriture et, à chaque fois, avant de couper le poisson, il le brandissait par la queue en disant : « Une belle pièce, une belle pièce ! »

Hans pensait que c'était ridicule et voulait tout arrêter tout de suite. Moi, j'aurais préféré attendre encore quelques jours. Pour aller où ? Nous n'avions nulle part où nous rendre. Ni chez mes parents ni chez mon frère il n'y avait de place.

Mais Hans n'en pouvait plus, et il annonça à M. Böhm que nous quitterions le jour même. Nous n'allions pas nous laisser avoir avec ces mille adresses, sur lesquelles il comptait lui aussi gagner, sur la viande hachée, qui n'était pas de la viande un peu d'argent, et puis la chambre, qui n'était pas une chambre… Lorsqu'on a encore évoqué la belle « pièce », M. Böhm s'est énervé. Il s'est penché et a dit que nous lui avions flanqué des coliques biliaires. Il se plaignait d'être seul abandonné avec deux enfants, sans femme, qu'il avait dû envoyer en Amérique parce qu'elle souffrait de dépression. Mais nous comprenions maintenant pourquoi elle était tombée en dépression. Une connaissance de M. Böhm, qui passait justement par-là avait entendu notre discussion, lui dit : « Je t'ai pourtant dit que personne ne te supporterait, espèce d'âne ! » Ce fut la fin de notre premier emploi à Paris.

Et maintenant ? Heureusement, certains de Spandau s'étaient retrouvés entre-temps, tous disposés à s'entraider. Otto B. nous laissa dormir quelques nuits par terre dans sa petite chambre d'hôtel ; nous devions nous glisser jusqu'à lui sans être vus par le concierge.

Puis il y avait Ewald, venu de Suisse avant nous. Lui et sa femme Mia travaillaient pour une famille française et vivaient dans la même maison, mais dans une chambre de bonne ; une petite pièce réservée aux travailleurs domestiques sous les combles. Ewald savait que la chambre contiguë à la leur était libre. Nous devions regagner la maison après minuit pour ne pas être vus. Nous ne pouvions pas non plus passer par la cage d'escalier, alors nous empruntions un escalier extérieur à la maison que nous grimpions tous les soirs jusqu'au neuvième étage, où se trouvait notre refuge. C'était pénible mais, quand je manquais de souffle, Hans me poussait par-derrière.

Un parent de la famille, pour lequel Ewald travaillait, avait une clinique, et il cherchait quelqu'un pour nettoyer, entretenir le poêle au sous-sol, et veiller à tout ce qui pouvait occuper un couple de concierges. Il nous a fait visiter la clinique, nous a expliqué le travail. Mais il nous a également annoncé qu'Hans aurait à tuer les cochons d'Inde destinés à la recherche après leur avoir injecté un produit. Hans se montra réticent : il lui aurait été impossible de tuer les cobayes. Et, donc, le directeur de la clinique a laissé tomber la charge des cochons d'Inde pour la confier au concierge du voisin, mais déduit évidemment le montant de cette charge de notre salaire. De toute façon, ça ne représentait pas grand-chose ; les émigrants touchaient très peu, les embaucher constituait un risque. Il y avait toutefois une chambre pour nous dans sa clinique.

La chambre était spartiate, avec un seul lit. Même le lit était vide, sans couverture, pas d'oreiller, pas de drap. Juste le matelas. Quand Hans a réclamé de la literie au propriétaire, il a seulement répondu qu'il ne nous avait rien promis de plus qu'une chambre avec un lit. J'ai rassuré Hans en lui disant qu'en attendant mieux, nous pouvions nous couvrir de nos manteaux. Et, en guise d'oreiller, nous pouvions glisser la valise sous nos têtes. Que pouvions-nous faire d'autre ?

La clinique se trouvait dans un bon quartier et avait l'air avenante : avec un grand hall d'entrée, entièrement en marbre et un propriétaire très élégant. Nous nettoyions constamment, en particulier le sol en marbre. Une réceptionniste, aussi raffinée que la maison elle-même, se déplaçait sur le marbre avec ses talons hauts à la recherche de taches que nous aurions laissés. Nous n'avons jamais su au juste quelle était la spécialité de la clinique il s'agissait. Les patients étaient pour la plupart des femmes, et les traitements mystérieux ; il y avait un lien certain avec l'esthétique, car certaines salles étaient comme passées à la paraffine qui, séchée et devenue dure, nécessitait toute notre force et détermination pour en venir à bout. Frotter et gratter pendant la journée puis dormir la tête sur une valise dure la nuit, avec des coins rigides, était pire que ce que j'avais imaginé. Je m'étais débarrassé de la valise dès la première nuit, parce que j'avais souffert d'un mal de crâne terrible. Hans aussi préférait ne rien avoir sous la tête ; en outre, il ronflait davantage avec la tête sur la valise.

Souvent, le soir, lorsque nous descendions à la cave – pour ranimer le poêle –, le concierge voisin venait pour discuter avec nous. C'était un homme gentil et amical qui, comme il nous l'a expliqué, espérait que nous ne nous ferions pas trop exploiter en tant qu'étrangers. Il n'avait personnellement rien contre les émigrés, et encore moins contre nous ; nous étions devenus amis après tout. C'était déjà toute une affaire que d'allumer le poêle. Et ça uniquement parce que le patron était trop avare pour lui confier, à lui, le concierge voisin, la charge du chauffage et de lui allouer un revenu raisonnable pour cela. Non pas qu'il fût jaloux, nous dit-il, ni qu'en tant que Français il n'aimait pas les étrangers…

– Espèce de bâtard ! a dit Hans plus tard, pauvre faux cul ! Il se persuade lui-même que nous, émigrants, lui enlevons quelque chose, mais ne voit pas que nous sommes remontés les uns contre les autres.

Environ deux semaines plus tard, la dame aux talons aiguilles découvrit finalement une tache sur le marbre dans le hall d'entrée. Elle s'approcha de Hans, arracha la machine à récurer de ses mains et dit : « Je vais vous montrer comment il faut faire… »

– Non, moi je vais vous montrer quelque chose, a dit Hans.

Quand je me suis retournée, j'ai vu l'épurateur naviguer au milieu de la salle de marbre.

C'était la fin de notre deuxième emploi.

Grâce à mon frère, j'ai fait la connaissance de certains de ses collègues. Il y avait notamment une famille de physiciens avec un bébé, qui avait besoin de quelqu'un pour promener l'enfant dans le parc, deux fois par jour, pendant deux heures. Irène était une enfant adorable et j'aimais la promener dans le magnifique petit Parc de Montsouris. Bien que l'on ne puisse pas vivre de l'argent de telles promenades, elles étaient parmi les postes les plus recherchés parmi les femmes émigrées, car il ne fallait pas de permis de travail. La seule chose désagréable à propos de la petite Irène était que sa mère insistait pour que l'enfant mange une banane à chaque sortie, ce qui était considéré comme vital à l'époque. Mais Irène criait dès qu'elle voyait que je sortais la banane détestée de ma poche et, plus je tentais de la rassurer, plus elle criait. Elle ne m'a certainement pas pardonné à ce jour.

Edmund, qui était également venu de Bâle à Paris, avant nous, a essayé de s'établir comme peintre avec quelques amis. Les commandes venaient d'autres émigrants qui étaient là depuis plus longtemps et dont ils étaient censés peindre les appartements. Hans fut invité à se joindre à eux. Il a bien essayé plusieurs fois, mais ça n'a pas fonctionné ; il y avait toujours des problèmes avec les propriétaires des appartements, parce que les travaux n'avançaient pas assez vite. Lorsque les commanditaires s'impatientaient et cherchaient à savoir pourquoi cela prenait autant de temps, ils trouvaient souvent la brigade du travail en grandes discussions politiques. On évoquait les procès de Moscou, le rôle du POUM dans la guerre civile espagnole, la politique de Léon Blum ou les préparatifs de guerre en Allemagne. Lorsque le propriétaire de l'appartement s'en mêlait, il était question des erreurs tactiques du Front populaire. Pendant ce temps, la peinture s'écoulait des murs, à moitié peints, sur le sol ; l'un des peintres se tenait sur l'échelle et balançait son pinceau pour marquer sa théorie : un autre, allongé sur le sol, lisait un article. Bien sûr, les propriétaires de l'appartement refusaient de payer. Hans s'est vite rendu compte qu'il n'y avait plus de réel travail avec de tels stratèges ! Et il s'est mis à chercher pour lui tout seul, de petites commandes telles que des réparations en tout genre ou le nettoyage de vitres. Heureusement, il restait encore quelques opportunités de ce genre à saisir.

Parfois, je décrochais un travail comme aide ménagère ; la plupart des femmes émigrées sont passées par là. Mais il arrivait souvent que ni Hans, ni moi, ne trouve de travail. Notre plus grande préoccupation a toujours été de savoir comment nous allions payer le loyer hebdomadaire. Nous avions fini par emménager dans un des petits hôtels bon marché de la Rue de Plaisance, dans le XIVe arrondissement : une chambre avec une gazinière à deux becs dans un coin. Beaucoup de nos connaissances vivaient dans de telles chambres d'hôtel ; il y avait de nombreux hôtels de ce genre dans le XIVe : rustiques, pas vraiment propres, bon marché… On changeait souvent d'adresse parce qu'on voulait se rapprocher d'autres connaissances. Mais, partout où vous trouviez un logement, le loyer devait être payé à temps et à heure, sinon vous étiez éjecté. Et, si vous n'aviez pas trouvé d'emploi durant toute une semaine, vous deviez trouver des ressources auprès de connaissances.

C'est pourquoi nous avons finalement opté à nouveau – avec mes parents – pour le travail le plus répandu chez les migrants : la rédaction d'adresses pour la vente par correspondance. Le salaire était misérable, mais on pouvait espérer travailler régulièrement. On trouvait des émigrants qui étaient venus ici avec un peu d'argent et qui s'étaient lancés dans ce genre de commerce. Grâce à des annonces dans les journaux, principalement en province, ils offraient des bagues en diamant, des montres en or et toutes sortes de bijoux à des prix dérisoires, les objets étant véritablement « semi-authentiques ». Les réponses à ces annonces étaient confiées aux émigrants, qui recopiaient les adresses des clients et préparaient les commandes pour l'expédition. En plus de l'article commandé, les colis contenaient toujours une surprise, généralement un article relativement prisé. La majorité des destinataires avaient payé avant la livraison, sinon rien ne leur était envoyé.

Malgré le salaire minable pour ce travail, il suffisait à couvrir le strict nécessaire. Mais je me souviens aussi des mauvais jours. Des jours où mes parents manquaient d'argent et où il n'y avait plus de pain à la maison. Je vois encore mon père assis devant une vieille machine à écrire à partir de sept heures du matin – ponctuel comme toujours – en train de dactylographier des adresses, une couverture à carreaux rouges enroulée autour de ses genoux, parce qu'il avait froid. Le soir, il travaillait sur son livre, durant deux heures et demie exactement. Il avait commencé ce livre pendant l'émigration et les éditeurs viennois avaient exprimé leur intérêt.

Pendant longtemps, mon père avait tenté de se recréer une nouvelle existence à travers une ancienne relation d'affaires. Il comprit lentement que ces liens n'existaient plus, qu'il ne retrouverait plus cette existence familière : il était juif, donc devenu « indésirable ».

Mes parents avaient déménagé. Au lieu de vivre dans le trou noir près de l'avenue Émile Zola, ils vivaient maintenant dans la banlieue sud de Paris, Chatenay-Malabry. Il s'agissait d'un nouveau lotissement : la cité-jardin de la Butte-Rouge. L'endroit était administré par les socialistes. On y trouvait encore des appartements libres, car la Butte-Rouge se situait à environ quarante-cinq minutes de Paris. Les loyers étaient abordables, c'étaient de jolis petits appartements, bien situés, juste à côté de la forêt. Un certain nombre d'émigrants allemands s'y étaient installés. On nous informait que si le loyer était en retard, ça ne posait pas de réel problème, car ces maisons n'étaient pas des propriétés privées, et l'administration locale se montrait compréhensive par rapport à la situation des émigrants. Mon père prenait donc le bus pour Paris, une fois par semaine, pour livrer ses colis avec les enveloppes, et reprendre de nouvelles commandes.

Grâce à des connaissances, ma mère reçut des commandes d'une maison de couture parisienne, qui confiait certains travaux à domicile à des femmes émigrées. La finition de vêtements élégants et coûteux. Elle crochetait des robes et des costumes de rubans de soie, tous sur mesure, elle recueillait beaucoup de reconnaissance pour son travail. Cependant, le paiement correspondait au salaire habituel destiné aux émigrants. Mais, grâce à cela, mes parents pouvaient couvrir les achats pour le quotidien, tels le pain, le lait et les pommes de terre.

Le propriétaire de l'entreprise de vente par correspondance, pour laquelle Hans et moi recopions des adresses, était un ancien député prussien. Pour nouer les deux bouts, nous devions dactylographier du matin au soir, mais nous avions un travail.

Puis nous avons aussi déménagé à la Butte-Rouge, dans un appartement situé dans la même maison que mes parents, juste en dessous ; c'était peu cher et plus joli que les hôtels sales du XIVe arrondissement. J'aurais adoré profiter de la forêt, mais nous n'avions pas de temps pour cela, pas même pour une courte escapade. Nous étions constamment assis à cette table qu'Hans avait fabriquée, où nous listions inlassablement nos adresses.

Parfois, je parvenais à trouver un meilleur travail. En fait, les écrivains, les journalistes et les cinéastes qui avaient fui l'Allemagne avaient parfois besoin de quelqu'un pour taper leurs manuscrits. Bien sûr, c'était plus agréable que d'écrire sur des enveloppes à la chaîne, même si le paiement s'avérait risqué. Mais, ces gens, dont tout le monde connaissait les noms dans la République de Weimar, n'avaient certainement pas l'intention de me tromper. Il est arrivé que ces auteurs n'avaient pas trouvé le succès avec leurs manuscrits et devaient donc reporter le paiement jusqu'à, bien souvent, finir par l'oublier. Alors, j'avais une fois de plus travaillé pour rien.

Mon frère et sa femme se trouvaient à Paris depuis un certain temps déjà. Eva avait poursuivi la résistance avec un petit groupe d'étudiants à l'Université de Berlin où ils avaient produit et distribué des tracts contre le national-socialisme. Alors que mon frère s'était déjà enfui à Paris, Eva est restée à Berlin jusqu'à ce qu'il trouve la possibilité de l'accueillir. Mais, avant qu'il ne trouve l'opportunité, elle a été forcée de fuir à son tour. Dans ces cas pouvaient naître les malentendus, la confusion, la méfiance et le soupçon, survient alors une situation qui peut entraîner la suspicion. Deux étudiants travaillant avec un autre groupe de résistance à l'université furent arrêtés. Les partisans des deux groupes ont prétendu que les détenus avaient été dénoncés par des personnes du groupe auquel Eva appartenait. Tous deux étaient des groupes antifascistes, malgré certaines dissensions politiques.

Était-ce la panique ? Était-ce la haine contre un groupe qui ne partageait pas la même opinion dans cette lutte contre le national-socialisme ? Nous nous demandions ce qui pouvait conduire certains résistants à de telles extrémités insensées, à de telles actions irresponsables ?

Afin de se prémunir contre d'autres arrestations éventuelles, ils ont décidé de menacer Eva. Elle fut prévenue : si une autre arrestation survenait dans leur groupe, ils supposeraient qu'Eva, ou ses amis, en était responsable ; afin de les arrêter, ils informeraient la Gestapo des activités d'Eva.

Il est impossible de discuter avec des fous. Mon frère – malgré le danger – s'est rendu immédiatement à Berlin pour évacuer Eva. Grâce à un mariage qui, de toute façon, était prévu, elle put quitter le pays légalement, un passeport autrichien en main. Le père d'Eva était très respectueux des conventions, en toutes circonstances. Hans fut donc invité à dîner, comme de coutume. Comme il était pressé, Hans tint, déjà pendant le potage, la main de la jeune fille dans la sienne, ce que M. Rosenthal lui pardonna, malgré les gloussements inappropriés de la mariée. Dans la soirée, certains membres de la famille se réunirent à la hâte pour célébrer le mariage : M. Rosenthal, quelques parents juifs et sa femme Stella ; une partie aryenne, parfois même noble de la famille. Quelqu'un prit une photo, sans savoir que ce serait probablement la dernière photo d'une vieille famille berlinoise sur la place Bavaroise. Le lendemain matin, ils se sont rapidement mariés à la mairie, se sont précipités au consulat d'Autriche où Eva a reçu son nouveau passeport. Dès le lendemain matin, ils quittèrent le Troisième Reich et se rendirent à Paris. Avec les passeports autrichiens, ils n'avaient pas besoin de visa pour entrer en France.

Eva a pris fait et cause pour le célèbre photographe Philippe Halsman[19], qui fut faussement accusé de meurtre. Malgré tout, Halsman a embauché Eva comme assistante dans son studio et lui a appris à retoucher les photos. Mais elle devait aussi assurer le ménage de son appartement, la cuisine... Peu après, Hans a obtenu une petite bourse de la Sorbonne pour continuer ses travaux comme physicien, puis Eva a également trouvé un emploi temporaire en tant que mathématicienne dans un institut de recherche.

La plupart des émigrés venus à Paris des années auparavant avaient surmonté les plus grandes difficultés dans leur lutte pour obtenir leurs papiers, qu'ils devaient présenter à chaque contrôle, jusqu'à la prorogation. Nous, en tant que nouveaux arrivants,

---

19 Philippe Halsman (1906-1979) est un photographe américain d'origine juive de Lettonie, connu pour ses portraits de personnalités, ses couvertures de LIFE et sa « Jumpologie ».

devions constamment nous présenter à la Préfecture, au poste de police, soumettre demande après demande. Nous pouvions nous estimer heureux si on nous promettait un traitement rapide. Mais jusqu'à ce que nous ayons reçu les papiers, nous n'étions pas « en ordre », donc illégaux. Pour être en ordre, il vous fallait d'abord des photos de passeport, des copies de certificats de naissance, et une foule d'autres documents que vous n'aviez généralement pas.

À la Madeleine, il y avait un studio, le *Photo Dorit,* où la plupart des émigrants se faisaient faire des photos et des photocopies. Le propriétaire était un émigré allemand, ses prix étaient adaptés aux moyens des émigrants. C'était aussi un excellent photographe. Hans (Fittko) s'est rendu compte qu'il s'agissait d'une de ses connaissances, Franz Pfemfert.

– Je me suis dit, me confia Hans, que j'irai parler avec Franz...

Il m'a demandé si je voulais venir avec lui ? Je lui ai conseillé d'y aller d'abord seul, pour voir de quel bois il se chauffe. Je ne connaissais pas personnellement les Pfemfert à l'époque, je ne les connaissais qu'à travers les histoires qu'Hans m'avait racontées à leur sujet. Il était un ami proche, depuis de nombreuses années à Berlin, où Franz avait édité *Die Aktion*. Franz Pfemfert avait montré beaucoup d'intérêt pour le jeune Hans Fittko à l'époque, il l'avait conseillé dans les débuts de son activité journalistique, il l'avait présenté aux cercles expressionnistes... À propos de cette époque, la nièce de Pfemfert, Nina, m'écrivit ceci soixante ans plus tard :

« Dans ma jeunesse, je m'occupais beaucoup de la politique et la culture dans le milieu Aktion, l'oncle Franz et la tante Anja formaient une famille très autoritaire, mais Hans a toujours été un havre de paix pour moi dans l'agitation de Pfemfert. »

Au fil des années, Hans avait pris ses distances par rapport aux opinions politiques de Pfemfert. L'intolérance de Franz à l'égard des dissidents politiques était bien connue. Dans cet esprit, Pfemfert semblait également percevoir l'évolution de Hans comme une insulte personnelle – alors que Franz et Anja l'avaient tous deux considéré comme un fils adoptif –. Pour eux, le changement d'opinion politique de Hans s'apparentait à une trahison flagrante. Franz a donc rompu le contact avec lui, et les deux ne s'étaient pas vus depuis.

Franz avait toujours montré une grande passion et beaucoup de talent pour la photographie. Maintenant, lui et Anja avaient construit une existence modeste avec le studio photo autour de la Madeleine. En plus des émigrants, des intellectuels Français célèbres et de grands exilés de l'ancienne République de Weimar venaient chez Photo Dorit pour se faire photographier. (J'avais remarqué dans l'antichambre du studio la plus belle photo jamais vue d'André Gide.) Entre-temps, Franz avait abandonné toutes les publications politiques, il avait changé à bien des égards. Il ne voulait avoir aucun lien avec les différents groupes politiques de l'émigration. Il a accueilli Hans comme s'ils ne s'étaient jamais quittés. Finalement, je fus d'une grande utilité pour les Pfemfert, parce qu'il m'arrivait à de nombreuses reprises de sauver la nourriture qu'Anja laissait régulièrement cramer. Elle était une traductrice de première classe, mais certainement pas une bonne cuisinière.

Franz avait tellement changé qu'il avait même adopté un chat nommé Minka. (Comme on le sait, Franz s'était brouillé avec Rosa Luxemburg[20] lorsqu'il avait chassé son chat du canapé.) Aujourd'hui, il écrivait des odes à Minka, louant sa beauté, sa grâce et son esprit. Le soir, il nous a lu certains de ces poèmes. Minka était un animal charmant en soi, mais elle ne mangeait que du foie. Pas du foie ordinaire, exclusivement du foie de génisse, c'est-à-dire du foie de veau. Comme les boucheries étaient fermées le mardi Franz achetait deux tranches de foie le lundi, mais quand il sortait la deuxième tranche du réfrigérateur le mardi, Minka refusait de la manger. Ainsi, tous les mardis, il devait la mettre discrètement dans sa poche et sortir de l'appartement. Lorsqu'il revenait dix minutes plus tard en proposant le paquet à Minka, cette dernière acceptait la tranche comme fraîchement acquise. Ainsi, l'émigration avait changé Franz Pfemfert, le grand polémiste si redouté.

Ni Hans ni moi n'avions rejoint un des nombreux groupes parisiens d'opposition. Il existait un cercle de vieux amis qui, comme nous, se tenait à l'écart des diverses organisations ; pour nous tous, l'atmosphère de querelles politiques, de luttes internes, souvent âpres, entre les groupes et les groupuscules, était insupportable. Aux frontières où nous nous étions

---

20 Rosa Luxemburg (1871-1919), était une militante socialiste et communiste, mais aussi une théoricienne marxiste.

arrêtés depuis notre émigration, nous étions entrés en contact avec des groupes de résistance dans les pays. Il ne s'agissait plus d'affiliation à un parti ; au moins, cela avait réussi… Parfois, nous nous sentions isolés des centres d'émigration, là où la situation devait être sérieusement revue. Depuis, nous étions à Paris, où ça discutait aussi beaucoup ; mais la lutte contre le fascisme semblait se limiter à des disputes sans fin. Même dans les rangs des courageux combattants espagnols, se déroulaient de féroces batailles intestines. Les intrigues nous rappelaient les luttes au sein de la gauche avant 1933 – comme si rien n'avait changé depuis. Maintenant, on se disputait à propos de la stratégie du Front populaire, tout comme on s'était autrefois battus pour l'unité du front d'en bas ou celle d'en haut. Sur l'insistance d'amis, je me suis rendue à une réunion du groupe parlementaire allemand au sein des syndicats Français. Je voulais voir quel changement le Front populaire avait apporté. Les antifascistes approchaient-ils d'un accord ? Mais, lors de la réunion, il s'agissait toujours des mêmes groupes qu'avant. Ils s'insultaient comme ils le faisaient alors et s'accusaient mutuellement de division. Il me semblait que certains en étaient encore à exposer les mêmes dogmes qu'à l'époque et se jetaient encore à la figure ce qu'ils avaient déjà rabâché jadis.

Au Festival des travailleurs de Paris à Garches, nous avons rencontré de vieux copains d'au-delà de la frontière. Il y avait notamment Fanny ! Elle m'a brièvement regardé avant de continuer.

– Fanny… Que se passe-t-il ?

Je lui barrais la route.

– Je ne veux plus rien avoir à faire avec vous. La rumeur court que vous êtes devenus trotskistes.

– Oui, on parle même beaucoup trop par ici. Et la plupart de ce qui est raconté n'est que mensonge…

J'étais furieuse.

– Que nous soyons trotskistes est tout à fait fantaisiste. Et même si c'était vrai, je suppose que ça ne te ferait ni chaud ni froid. Et là, tout d'un coup, ça deviendrait une raison pour ne plus adresser la parole à de vieux amis ? Vous souvenez-vous seulement de ce que signifie le mot solidarité ? Ces animosités font-elles partie de votre lutte contre le régime nazi en Allemagne ?

Plus tard, lors d'une soirée, nous avons eu une violente confrontation avec notre ami Rolf alors que nous étions réunis avec lui. Ils ont tabassé Herbert L., a déclaré Rolf, on l'a retrouvé à moitié inconscient, il perdait son sang près de la Bastille. Ils lui avaient défoncé la mâchoire.

Ce n'est pas croyable ! ai-je crié. Encore une rumeur. Qui aurait bien pu faire ça ? Et pourquoi ? Herbert… est parmi nous l'un des plus courageux, dit Erna, la femme de Rolf.

– Mais pourquoi serait-il entré en conflit avec son propre parti, ici, à Paris ? se demandait Rolf. Vous n'étiez même pas encore ici. Cela a à voir avec ce qui s'est passé en Espagne, à cette époque, il refusait de se plier aux consignes, comme beaucoup d'autres d'ailleurs, vous ne le savez probablement pas, mais vous étiez ailleurs à cette époque – l'expérience espagnole, que certains ont vécue ici, vous ne pouvez pas l'imaginer. Et aujourd'hui, vous refusez de croire que ses anciens pourraient le mettre en cause ! Eh bien, demandez-lui… Demandez-lui vous-même ! Êtes-vous si naïfs ? Depuis combien de temps êtes-vous à Paris ? Vous n'avez tout simplement pas encore compris grand-chose. Vous allez encore vivre certaines déceptions. Et pourquoi ? Parce qu'aujourd'hui tout est différent. Parce que cela ne marchait pas comme on l'avait imaginé. Peut-être aussi parce que certains problèmes demeurent insolubles. Mais cela ne justifie pas l'usage de la force contre ses propres camarades !

– Rolf, dis-je choquée, est-ce que tu sous-entends qu'il y a aujourd'hui des attaques fréquentes contre d'autres combattants ? Penses-tu que nos amis, qui ont été torturés ensemble, qui ont combattu ensemble sur les fronts espagnols, se battent aujourd'hui les uns contre les autres comme des ennemis pour des divergences d'opinions ? Oui, les téméraires se battent entre eux juste parce qu'ils ne sont pas d'accord, c'est ce qu'on nous dit, et on nous dit aussi que c'est nécessaire. Et ça, ce sont ceux pour qui la pensée était plus importante que leur vie. Mais à quoi cela peut-il mener ?

Un jour, Hans avait ramené de la ville un travail plus rentable que d'habitude. C'était la providence, parce que nous avions atteint un point où toutes les ressources semblaient taries ; il n'y avait même plus assez d'adresses à traiter. De même avec mes parents, il n'y avait plus assez de travail et donc plus d'argent afin d'assurer le strict nécessaire. La commande qu'Hans apportait ce soir-là provenait d'un parfumeur exclusif : 135 lettres à des clients particuliers devaient être dactylographiées sur la machine à écrire, le tout sur un élégant papier beige à en-tête. Tout devrait être remis le lendemain matin à dix heures en leur bureau de Paris. Hans avait accepté, parce qu'il savait que j'en étais capable. Pour moi, cela signifiait que je devais taper toute la nuit.

À l'aube, j'ai commencé à avoir faim. Hans dormait et je ne voulais pas le réveiller. Mais je ne pouvais pas non plus perdre du temps à cuisiner. Il n'y avait pas de pain à la maison. Vers sept heures, j'ai entendu ma mère tourner en rond au-dessus, et je suis montée.

– J'ai faim, Maman, ai-je dit. Aurais-tu quelque chose qui puisse se manger rapidement ? Un sandwich ? Je dois faire vite.

Elle m'a donné deux tranches de pain et du salami.

– Ne dévore pas ça si vite ! m'a-t-elle recommandé. Sinon, tu auras des problèmes d'estomac.

Je suis descendue et j'ai continué à taper. J'ai en effet souffert de l'estomac. J'ai toutefois continué à taper. Mais de plus en plus lentement. Jusqu'à ce que je ne puisse plus bouger.

Hans a alerté ma mère.

– Elle a besoin d'un médecin, disait-il.

Mais comment payer un médecin ? Nous n'avions pas un sou vaillant.

Comme tous les émigrants malades, nous avons dû faire appel à un des médecins allemands non autorisés à pratiquer. Ceux-là ne demandaient pas grand-chose. En face de chez nous vivait justement un jeune médecin de Francfort. Hans l'a invité, il m'a prodigué de la morphine et un laxatif. Il était probablement trop jeune pour savoir que c'était ce qu'il ne fallait pas faire. Les douleurs se sont aggravées. Alors, mon père a pris le bus jusqu'en ville. Avec mon frère, il a trouvé deux médecins émigrés qui jouissaient d'une bonne réputation : Fritz Fränkel et Minna Flake. Ils disposaient d'une voiture, et tout le monde a donc embarqué pour la Butte-Rouge. Ils étaient persuadés tous les deux que l'appendice était percé et qu'il fallait m'opérer dans les plus brefs délais. « Chaque minute compte », répétait Minna. Mais ils ne pouvaient pas me conduire à l'hôpital parce qu'ils n'avaient pas la permission d'exercer leur métier ; s'ils avaient été pris, ils auraient été arrêtés.

On a hélé un taxi ; trouvé un hôpital ; enfin un chirurgien… Je me souviens du trajet du sud de Chateney-Malabry jusqu'au nouvel hôpital Beaujon dans le nord de Clichy, le tout à travers Paris sur de rudes pavés. On m'avait mise à l'arrière du véhicule, Hans me tenait fermement, parce que les médecins avaient prévenu que je ne devais pas bouger. À l'hôpital, j'ai dû répondre à une série de questions. Quand je ne pouvais pas, les médecins me disaient que ma vie en dépendait ! Ce dont je ne me souciais pas vraiment, à ce moment-là ! La douleur était tout simplement trop forte.

Lorsque je suis sortie de l'hôpital, environ six semaines plus tard, le Reich annexait l'Autriche.

Espagne – Les Sudètes –
Munich – Le Pacte

La plupart de nos proches vivaient à Vienne. Qui était encore bloqué là-bas ? Qui a pu s'enfuir ?

Nous avons suivi les scènes d'hystérie collective lors de l'invasion nazie à Vienne, et nous avons appris les mauvais traitements infligés aux Juifs. Nous le redoutions, mais n'étions donc pas vraiment surpris. Les insultes de mon institutrice à l'école primaire de la rue Schönbrunner me sont revenues à l'esprit : « Maman, qu'est-ce qu'un esprit de commerce juif ? » Ai-je demandé à la maison. « Qui t'a parlé de ça ? » a voulu savoir ma mère. « Mon professeur a fait une dissertation sur ce sujet. Elle a dit que j'en étais l'illustration parfaite. Parce que j'avais offert un carnet rose à ma petite amie et qu'elle m'a offert un miroir de poche en échange. »

La sœur de ma mère, la peintre viennoise Malva Schalek[21], a toujours été très proche de moi. Elle avait réussi à s'enfuir chez son frère à Leitmeritz. Elle avait emmené une vieille tante avec elle, tante Emma, qui autrement aurait été abandonnée seule à Vienne. Les deux se retrouvaient à l'abri. Mais était-on vraiment en sécurité dans le pays Sudète ?

Existait-il encore un endroit sûr ?

Ma belle-sœur Eva attendait un enfant. Je les admirais. Dans ces circonstances, en ces temps ! « Où puisez-vous ce courage ? » lui ai-je demandé. « Je veux un enfant », a-t-elle dit. Nous, nous avions tous les deux un emploi. Cela s'arrangerait donc forcément.

J'ai donc à nouveau soulevé la question avec Hans. « Tu vois, lui dis-je, eux, ils n'ont pas peur d'avoir un enfant. » Mais Hans s'est cabré : « Non, ce n'est pas envisageable pour nous, pas maintenant. Pour eux non plus, ce ne sera pas facile. Mais ils exercent des professions qui leur permettent au moins une existence, même si elle est modeste. Pour nous, ce serait tout simplement irresponsable, lorsqu'on n'a pratiquement rien à manger, de mettre un enfant dans ce monde. Sans compter que, dans ce monde la guerre est devenue inévitable. Et, quoi qu'il arrive : aussi longtemps que le fascisme régnera en Allemagne, nous avons à le combattre ! Comment le pourrions-nous avec des enfants ? »

---

21 Malva Schalek (née Malvina Schalková) (1882-1945), disparue à Auschwitz, était une artiste peintre tchèque d'origine juive.

Malva Schalek, (la tante de Lisa Fittko, à gauche) et Jula Ekstein (la mère de Lisa Fittko, à droite), Vienne., 1934.

Je savais qu'il avait raison. Je me consolais en espérant un avenir meilleur, lorsque ce cauchemar serait derrière nous et que nous pourrions rentrer chez nous.

Mais l'espoir de retourner dans notre patrie était vain. L'Allemagne bombardait l'Espagne républicaine, pendant que Londres et Paris se baignaient dans un pacte de « non-ingérence ». Les préparatifs de guerre de Hitler étaient évidents. Contre l'Est ? Contre l'Occident ? La France et l'Angleterre tentaient de l'« apaiser ». On devait le ménager, il fallait céder certaines choses, de plus en plus. L'existence du régime nazi n'était un obstacle pour personne.

L'émigration politique allemande a été mise en garde contre les conséquences de leur politique. Pour cela, nous avons été traités de bellicistes, parce que nous dérangions les efforts de bonne entente avec Hitler, pour éviter le conflit. Nous étions indésirables, voire suspects.

Catherine, l'enfant d'Eva, est née au beau milieu de la crise des Sudètes. Quand Hitler a exigé cette partie de la Tchécoslovaquie, les Français furent pris d'anxiété et d'agitation. Pour rentrer chez moi, je prenais le bus qui reliait la Porte d'Orléans à la Butte-Rouge. Lorsque le bus s'est arrêté dans un village, j'ai vu des affiches blanches sur les murs. Les gens dans le bus se sont levés et ont regardé par les vitres. Il s'agissait d'un long texte, mais je ne voyais qu'un seul mot : MOBILISATION ! Je me sentais étourdie. J'ai dit aux compagnons de voyage : « Juste pas de guerre ! Tout ce que vous voulez, mais pas de guerre ! Qu'est-ce qu'on en a à faire des Sudètes ? » Mais, quelques jours plus tard, un « accord » avait été conclu à Munich. La France pouvait respirer.

Un matin, alors que ma mère était allée chercher le pain à la boulangerie, je l'ai trouvée à la cuisine en larmes. « Que se passe-t-il, Maman ? » lui demandais-je. « Que s'est-il passé ? » Elle m'a expliqué que la boulangère avait crié à tue-tête : « Vous avez signé ! C'est la paix ! » Et puis quelqu'un a répondu dans la boutique : « Vive la paix ! » et plusieurs ont repris en chœur : « Vive la paix ! Vive la paix !... »

Il ne fallut que quelques jours à la Wehrmacht pour commencer à occuper les Sudètes.

Malva Schalek s'est enfuie avec tante Emma de Leitmeritz à Prague. Son frère Robert était aussi du voyage, il fut conseiller du tribunal supérieur régional.

À peine six mois plus tard, nous étions à la Butte-Rouge, installés autour du poste radio à suivre les infos. La Wehrmacht occupait la Bohême et la Moravie, elle entrait dans Prague. Il n'y avait plus un seul endroit où Malva Schalek, sa tante et son frère pouvaient se réfugier.

À cette époque, la vie à Paris était particulièrement difficile. Quelque chose avait foiré avec la vente par correspondance, nous n'avions plus de travail. Le loyer n'était plus payé depuis près de deux mois. Chez mes parents, les rentrées ne couvraient pas le nécessaire. Mon frère non plus ne pouvait pas m'aider. Nous devions trouver une alternative.

On m'a parlé d'une famille qui semblait à la recherche d'une aide familiale : des Américains, qui comptaient passer l'été en France et avaient loué une maison dans les environs de Paris. Ils cherchaient une émigrante qui accepterait de vivre chez eux jusqu'à l'automne, pour s'occuper du ménage et, occasionnellement, de l'enfant, lorsque le couple voyageait.

Des arrangements de ce genre ont souvent été conclus parmi les émigrants. Jusque-là, Hans et moi avions refusé un travail où nous devions vivre séparés. Maintenant que tout était devenu si difficile, peut-être était-ce une solution ? – pour une courte période du moins –. Hans connaissait quelqu'un dans la banlieue d'Ivry, avec qui il pouvait provisoirement partager une chambre bon marché. Entre-temps, mon frère Hans et Eva, avec leur petite Catherine, reprendraient notre appartement. La journée, ma mère pouvait s'occuper de l'enfant, et ainsi Eva a pu accepter un poste à l'institut où mon frère travaillait déjà.

Ce n'était pas simple pour nous de nous adapter à ce plan. Nous étions persuadés de ne jamais être séparés. Mais lorsqu'on ne peut plus payer le loyer et qu'on n'a plus un franc pour le nécessaire, la pression devient insoutenable. Les amis qui nous avaient branchés sur les Américains, nous répétaient qu'ils étaient gentils, que je m'entendrais à merveille avec eux, qu'ils étaient politiquement engagés et cultivés. Finalement, j'ai décidé avec Hans de me rendre à Marnes-la-Coquette, où la famille Trone avait loué leur maison, afin de les rencontrer et d'avoir des précisions sur le poste. C'était la première fois que je rencontrais un Américain.

Mr Trone m'a invité dans leur salon, qu'il appelait le « *drawing room* ». Quand je lui ai demandé s'il pouvait m'en dire davantage sur le travail et le salaire, il m'a répondu : « Cela peut attendre… J'aimerais avant tout que vous m'expliquiez une chose : comment se fait-il que le fascisme ait pu se répandre comme ça en Allemagne ? Dans ce pays qui connaît un si grand et puissant mouvement ouvrier ? » Nos amis lui avaient dit qu'Hans et moi étions actifs dans la résistance antifasciste en Allemagne. « Comment cela a-t-il pu arriver ? Comment avez-vous pu tolérer un tel désastre ? Pouvez-vous m'expliquer cela ? » Une fois de plus, je fus frappé par la mise en cause personnelle, que j'avais déjà vécue à Prague, peu de temps après mon évasion d'Allemande. Trone parlait assez bien allemand, mais il utilisait le « Tu » et le « Vous » indifféremment. En fait, ça me faisait plutôt rire, et j'ai accepté la chose. Ce ne sont pas des Américains moyens, pensais-je. Lui et sa femme Florence nous étaient finalement très sympathiques, et nous avons décidé que j'acceptais le poste. Très vite, les Trone sont devenus de bons amis. J'étais souvent épuisée le soir, ce n'était pas une mince affaire que de tenir une telle maison, de cuisiner pour la famille, de s'occuper de la petite Alexandra (qu'on appelait Gugula). Nous nous sommes finalement installés tous ensemble dans le salon – que les Trone appelaient toujours « *drawing room* » –, avons écouté de la musique et, surtout, eu des discussions sur les raisons du fascisme en Allemagne. Hans venait souvent lui rendre visite. Le dimanche, je le rencontrais chez mes parents – la Butte-Rouge. C'était comme un répit. Nous avions jusqu'à l'automne pour trouver un autre travail et un appartement, si entre-temps la guerre ne se déclarait pas.

Nous avons séjourné à la Butte-Rouge avec mes parents. Quelques amis de Paris étaient également venus leur rendre visite. J'avais préparé un grand bol de harengs frits, les mêmes qu'à Berlin, et ils étaient divins. Le hareng était meilleur que le maquereau, et moins cher. C'était aussi mon anniversaire, le 23 août. La nouvelle nous est parvenue au beau milieu de la fête : l'Union soviétique et l'Allemagne avaient signé un pacte de non-agression !

C'était impossible ! Depuis quelque temps, des rumeurs d'accord se répandaient, mais cela ne pouvait être que des mensonges. L'Union soviétique ? L'Allemagne fasciste ?

– Un pacte entre Staline et Ribbentrop. Ridicule !

– Mais écoutez donc ! Un pacte a vraiment été conclu et signé. L'Union soviétique fait front avec les nazis. Vous le croyez maintenant ?

– Sommes-nous réellement conscients de ce qui se passe ? La Russie peut-elle vraiment rester les bras croisés alors que Hitler, avec l'aide de la France et de l'Angleterre, prépare l'invasion à l'Est, et par extension, la destruction de l'Union soviétique ?

– Est-ce qu'une entente avec les fascistes pourrait empêcher cela ?

– Comment faire autrement ? Qui sait, qui a la réponse ?

Peut-être que nos petits-enfants comprendront-ils cela…

La guerre !

Le soir, nous avions l'habitude de nous asseoir dans le calme et la tranquillité du *salon**[22] des Trone à Marnes-la-Coquette, nous écoutions les reportages à la radio. Gugula était toujours assise avec nous ; nous ne pouvions pas l'endormir, elle sentait que quelque chose d'inhabituel se passait.

La Wehrmacht envahissait la Pologne, entendait-on à la radio. Des précisions sur l'avancement de l'invasion étaient diffusées et puis, soudain, cette information : tous les citoyens des États américains étaient invités à quitter la France immédiatement pour rentrer chez eux, aux États-Unis.

Je m'étais levée, je me tenais au milieu de la pièce et mon regard passait de l'un et l'autre… La guerre avait-elle commencé ? Qu'est-ce que cela signifiait au juste ?

---

22 Les mots en italiques suivis d'un astérisque, sont en français dans le texte original. (ndt)

Mr Trone s'est également levé.

– Tu veux aller voir ton mari et tes parents, m'a-t-il demandé. Si tu veux, je vais te conduire tout de suite à la Butte-Rouge.

– Oui, maintenant. Le temps de rassembler mes affaires. Et vous ? Vous devez embarquer immédiatement ?

– Nous ne le savons pas nous-mêmes… Nous verrons. Allons-y maintenant.

Florence et lui avaient bien sûr déjà parlé de ce qu'ils feraient en cas de guerre, a-t-il déclaré pendant le voyage. Ils auraient probablement à quitter la France le plus vite possible. Mais pour aller où, c'était la grande question. Peut-être dans un pays neutre en Europe ? La Suisse ? Le Liechtenstein ? En tant qu'Américain, il pourrait peut-être aider certaines personnes qui étaient maintenant en danger en Europe, car il était en contact avec divers comités d'aide. Ils me donneraient certainement de leurs nouvelles.

Hans était là quand Trone et moi sommes arrivés à La Butte-Rouge. Mon frère et Eva (avec le bébé) sont montés de l'appartement. Quelques amis ont frappé à la porte et se sont joints à nous. Nous avions besoin d'être ensemble. Nous, les émigrants. Tout le monde s'est assis autour de la table ronde, nous avons bu du thé, sommes restés silencieux un long moment et nous n'avons commencé à parler que progressivement. La guerre était vraiment là, cette fois il n'y aurait aucun retour en arrière… Comment cela va-t-il se développer ? Une Seconde Guerre mondiale ? Une guerre au gaz, on croyait le savoir. Quelle serait notre position, à nous, émigrés allemands, par rapport à cette guerre ? Nous étions du côté de ceux qui se sont battus contre les fascismes... Aux côtés de la France évidemment. Contre l'Allemagne nationale-socialiste, bien sûr. Mais était-ce vraiment si simple ? Était-ce aussi évident ? Cette guerre était-elle aussi contre le fascisme ?

Contre l'Allemagne fasciste, oui. Six ans de terreur sanglante, six ans de victimes inutiles... Mais la révolution elle aussi s'était rapprochée ? L'opposition interne, l'opposition illégale, serait-elle un jour capable de libérer l'Allemagne ?

Allions-nous dès lors unir nos forces à celles des impérialistes ?

Peu importait, notre ennemi commun était le régime de Hitler. Nous allions rejoindre ceux qui le combattent. Nous devions combattre avec eux.

À cette époque, nous n'avions plus de temps pour de grands débats. En ce temps-là, on ne pouvait pas deviner ce qui allait se passer le lendemain. Deux jours plus tard – immédiatement après la déclaration de guerre de la France et de l'Angleterre à l'Allemagne – de grandes affiches rouges sont apparues sur tous les murs : les étrangers ennemis, les hommes jusqu'à 65 ans, devaient être rassemblés immédiatement dans le Stade Colombe au risque de se retrouver dans un *Camps de concentration**. Les étrangers hostiles étaient ces hommes : tous ceux qui sont venus d'Allemagne et d'Autriche : Juifs, émigrés politiques, « Allemands du Reich », nazis ou non-nazis.

Hans, mon mari, et Hans, mon frère, ont emballé leurs affaires les plus chaudes et ont pris le bus pour Paris avec un groupe d'autres émigrants vivant à la

Butte-Rouge. J'ai accompagné certaines des femmes jusqu'à l'arrêt de bus en haut de la rue ; tout était confus. J'ai entendu une des femmes dire : comment ont-ils pu nous faire cela ; une autre : nous retirer brutalement nos hommes comme ça ? C'est la guerre, ma chérie, a répondu quelqu'un. Chez nous, mon père était le seul homme à ne pas devoir se rendre au camp, à cause de son âge.

Ensuite, il y eut une distribution de masques à gaz à la population, puisque ce serait une guerre du gaz. Seulement nous, les émigrants, nous n'en avons pas reçu. Les gens dans la rue avaient leurs masques accrochés à une sangle, nous, nous n'avions rien. Non seulement nous étions à la merci d'une attaque au gaz mais, quand nous sommes allés à Paris le lendemain, les gens dans la rue nous traitaient comme « étrangers hostiles », parce que nous ne portions pas de masques à gaz.

Un soir, nous avons assisté à la première alerte aérienne. *Alerte !** Les sirènes hurlaient, la population de la Butte-Rouge courait à travers les rues éclairées par la lune, le long des rangées de maisons roses, jusqu'à l'abri commun, lors d'attaques aériennes. Les sirènes continuaient à hurler vivement : *Alarme !**, sur tous les tons et dans toutes les gammes. Devant moi, Eva se hâtait avec Catherine, âgée d'un an, qui entretemps avait pris du poids. Mon père et moi avons couru côte à côte. Son cœur fragile tiendrait-il le coup – avec son *Angina pectoris* ? Je pouvais entendre sa respiration sifflante. Ce sifflement m'est resté en mémoire jusqu'à aujourd'hui.

Un escalier en bois branlant menait à une pièce sombre en sous-sol. On n'y voyait rien, on entendait des voix, des murmures. Dans ce trou, nous avons attendu les bombes et le gaz – nous, les émigrants, sans masques ! Parfois, nous entendions comme un coup de tonnerre au loin. Ce sont des ripostes antiaériennes, disait quelqu'un. Nous sommes restés assis là pendant environ deux heures, puis les sirènes ont recommencé à hurler, longuement, sans fin. Mais pas de bombes, pas d'attaque au gaz – pas cette fois. Nous sommes rentrés chez nous à pied par les rues plongées dans l'obscurité. Ce n'était que la première nuit d'une série interminable, où il nous fallait sauter du lit entièrement vêtu dès que les sirènes se faisaient entendre. Les nuits au clair de lune, on pouvait toujours compter sur des alarmes, parfois deux ou trois fois. Mais aucune bombe ne tombait.

Le lendemain, mon amie Grete m'a raconté sa première nuit d'alarmes à Paris. L'abri antiaérien de sa maison ainsi que pour tout le quartier se situait dans la station de métro la plus proche. La foule se bousculait à l'entrée, tous avec leurs masques à gaz, sauf pour Grete et les autres émigrants ; elle sentait des regards suspicieux se pointer sur eux. Grete s'assit, coincée dans cette cohue, tenant un chiffon humide devant sa bouche et son nez – suivant les recommandations et les instructions reçues. De plus en plus de gens s'engouffraient là, ça grouillait de partout dans ce monde des ténèbres, on attendait cette attaque au gaz… On sentait d'ailleurs déjà le gaz, malgré les masques, qui étaient apparemment mal fixés. Certains se sont mis à vomir, et Grete a également eu droit à la… Oui, elle sentait le gaz… Heureusement que sa fille avait été envoyée à la campagne. Finalement, après une éternité, les sirènes hurlèrent clairement. Non, ce n'était pas du gaz. Pas de bombes non plus. Pas encore.

Au cours des huit mois suivants, la presse analysa abondamment les innombrables alertes de raids aériens sans réelle attaque aérienne de la *drôle de guerre**. Elle expliquait que chaque fois qu'un avion de chasse allemand décollait, l'ensemble de la France devait se mettait en *alerte**.

Le lendemain, il a fallu trouver du tissu sombre pour occulter les fenêtres. Tout pouvait servir, y compris les vêtements, la toile cirée de la table et le papier foncé. Mais, malgré les fenêtres occultées, aucune lumière ne pouvait être allumée. Au début, nous ne faisions probablement pas assez attention. Tard dans la soirée, nous nous sommes réunis dans l'appartement du dessous, avec quelques voisins. À cette période, les gens aimaient se rassembler ; personne ne voulait se retrouver seul dans un appartement sombre. Soudain, on entendit quelqu'un frapper à la porte ; Trois hommes de la protection civile se tenaient dans l'embrasure de la porte. Ils avaient cru voir une lueur à travers l'une des fenêtres et menaçaient de lourdes pénalités en cas de récidive.

Comme Paris avait changé ! La ville lumière ! Tout était plongé dans l'obscurité. Vous saviez à peine où vous vous trouviez. Je me suis dirigée vers la rue Royale jusqu'à la Madeleine – elle aussi n'était plus qu'une énorme masse noire dans la nuit grise, pas même un scintillement. La noirceur était effrayante, oppressante… Mais je voulais monter à la maison pour voir ce qu'Anja faisait. Je l'ai trouvée surexcitée et confuse. Elle devenait folle avec cette sirène, disait-elle, elle ne savait souvent plus si l'alarme était en marche ou éteinte, depuis, elle ne va plus au sous-sol car, la veille, lorsqu'elle est descendue, elle a été surprise de n'y trouver personne. Quand elle fut assise seule, dans le noir, pendant une heure, il s'est avéré qu'elle avait dépassé l'alarme, dans son excitation, et n'était allée à la cave que lorsque tout était fini.

– Mais tout cela n'a pas d'importance, disait-elle, seulement Franz Pfemfert, le fidèle et vieil ami de la France, emprisonné dans un camp Français ! En tant qu'étranger suspect !

Elle répéta cela à de nombreuses reprises au cours de ces six mois.

Plus tard, j'ai moi-même décidé de ne plus aller au sous-sol la nuit. J'avais trouvé un emploi à Paris et je devais me lever à six heures du matin. Nous n'avions plus d'appartement, je dormais sur un matelas que nous avions posé à terre dans le salon chez mes parents. Mère, ai-je dit, je ne peux pas travailler pendant la journée si je ne dors pas la nuit. Ne me réveille plus, je vais certainement m'habituer à dormir avec la sirène.

Les hommes ont été détenus au *Stade Colombe** pendant environ deux semaines, dans le vent et les intempéries, sans toit au-dessus de leurs têtes. Nous, les femmes, avons emballé des paquets de nourriture et, surtout, des vêtements chauds pour eux. Je découvre la file d'attente interminable de femmes dans la rue, jusqu'au stade. Bien sûr, nous n'avons pas été admis et ne pouvions pas voir nos hommes, mais les colis pouvaient être remis à la porte et acheminés aux destinataires. Bien sûr, nous nous sommes demandé si cela était possible avec ces milliers de destinataires, il fallait quand même essayer. Nous n'avons jamais su ce qu'il était advenu des colis. Nous savions que la nourriture dans le *Stade Colombe** se composait principalement de boîtes de galettes de foie. Pendant des semaines rien que du pâté ! Même si vous aviez très faim, vous ne pouviez plus ni voir ni sentir la galette de foie, ont déclaré les hommes plus tard lorsqu'ils évoquaient le *Stade Colombe**. Ensuite, ils ont été répartis dans différents camps à travers le pays. Hans, mon mari, s'est retrouvé dans le camp de Vernuche près de Nevers ; mon frère a été envoyé au camp de Melay, où la plupart des Autrichiens ont été emprisonnés. Là, ils ont écrit des vers sur les conditions de vie à Melay, sur la mélodie de la Marche de Radetzky. À la lecture des paroles on sentait leur colère d'être traités comme des « ennemis » dans leur pays d'asile :

« Oh Melay, oh Melay, oh Me… leck… »

Beaucoup d'hommes, Allemands et Autrichiens, ont essayé de se porter volontaires pour le service militaire Français. On les a licenciés. Ils pouvaient se joindre à une catégorie nouvellement créée : à savoir devenir des *prestataires**. La définition de *prestataire** est restée floue jusqu'à la fin de la guerre ; elle ne se trouvait pas dans le dictionnaire. Cela avait peut-être quelque chose à voir avec le service militaire, ou alors le service auxiliaire. Quoi qu'il en soit, les *prestataires** n'avaient pas les mêmes droits qu'un soldat Français. On ne savait pas non plus s'ils avaient droit à des uniformes. On pouvait mesurer combien la France considérait leur volonté d'aider, déclaraient ceux qui avaient refusé de se porter volontaires. Le conflit sur la qualification de la guerre se poursuivait parmi les émigrés politiques. L'influent parti communiste Français rejetait la guerre, cette *drôle de guerre**. Pour lui, c'était simplement une guerre impérialiste de plus.

À cette époque, les femmes restées à Paris s'entraidaient davantage qu'auparavant. Il y avait un grand besoin parmi nous de rester ensemble, de se soutenir. Je sais que les soirs de semaine, je rentrais chez moi plus rarement, mais qu'après le travail je passais la nuit chez l'une ou l'autre de mes amies à Paris. Pour moi, c'était une facilité, car je n'avais pas à me battre avec les horaires irréguliers de bus, je gagnais ainsi beaucoup de temps. Et à la Butte-Rouge, je me retrouvais seule sur mon matelas à même le sol. Mes copines aussi étaient heureuses de me voir chez elles, parce que sans leurs hommes, leurs appartements semblaient si vides.

À quoi ressemblait la vie en exil, comment pouviez-vous vous en sortir – sans travail, sans revenu, sans permission, sans même le minimum nécessaire pour subvenir à vos besoins élémentaires chez vous ? me demandait Marlene, ma dernière nièce. C'est difficile, ai-je répondu, parce que, lentement, tu perds le sens de ce qui définit une vie normale. Tu essaies juste de t'en sortir. Non, reprit Marlene, je ne peux rien m'imaginer de tel. J'aimerais savoir exactement ce que c'est quand tu n'as plus rien et que tu ne veux plus rien avoir, que tu n'as nulle part où aller ? Par exemple, qu'avez-vous mangé pour le déjeuner ?

Du boudin, dis-je, *boudin** ! Le *Boudin** est bon marché, tu peux le faire frire dans un peu de graisse, ça n'est pas mauvais du tout, lorsqu'on peut varier un peu le menu. Eh bien, comment variais-tu le menu du soir ? Demanda Marlène. Viande souabe, on l'appelle *steak tartare*,* avec beaucoup d'oignons, de sel et de poivre, tu peux y ajouter un œuf cru... De la viande de cheval, bien sûr. Nous, les Allemands, avons toujours ce stupide préjugé contre cette variété de viande. Elle a vraiment bon goût et ne coûte presque rien à la boucherie chevaline de l'autre côté de la rue, là où tu peux voir la tête du grand cheval doré pendre au-dessus de la porte. Marlène sourit.

Et comment s'habille-t-on ? Où te procures-tu des vêtements ? Marlene essayait vraiment de se mettre à notre place. Oui, comment cela se passait au niveau vestimentaire ? Je me souvenais de ce costume de velours gris appartenant à ma copine Grete ; il était devenu trop étroit pour elle, ma mère l'a donc adapté pour moi, et m'allait à merveille. J'avais une grande robe verte et une robe bleue, qui étaient devenues toutes les deux trop larges pour moi, car j'avais perdu beaucoup de poids, et ma mère les a adaptées à la taille de Grete, et elle les porta toutes deux, elle était ravissante. Oui, on s'en sortait parfois de cette manière, parfois pas.

Les femmes tricotaient des vestes et des pulls chauds pour leurs maris. Ma mère m'a appris un point de crochet, il me semble, elle l'appelait « le point turc », il était facile à apprendre et permettait d'aller beaucoup plus vite que le tricot normal. Lorsque le chandail gris-bleu fut prêt pour Hans, j'ai décidé de me rendre à Vernuch malgré les interdictions pour le remettre en main propre. Le chandail était très réussi, j'en étais fier. Et je voulais revoir Hans.

Depuis le déclenchement de la guerre, il y eut de nouvelles réglementations pour les émigrants, ou peut-être s'appliquaient-elles à tous les étrangers ? Quoi qu'il en soit, nous avions dorénavant besoin d'un permis spécial, un *sauf-conduit**, si nous voulions nous éloigner de notre lieu de résidence. Cependant, pour obtenir ce *sauf-conduit**, il fallait avoir une *carte d'identité** valable, et je n'en avais évidemment pas. Hans avait obtenu la sienne pendant mon séjour à l'hôpital. Lorsque je fus rétablie et que je suis allée à la préfecture, on m'a ordonné un *refus de séjour**, une interdiction de séjourner. Pourquoi ? Il n'y avait en fait aucune raison pour un tel refus.

Le chandail n'était qu'une des raisons qui me poussait à revoir Hans, et cela malgré les risques du voyage. J'aurais bien sûr pu envoyer un colis par la poste, mais je voulais parler avec Hans de cette affaire de Légion étrangère, qui m'inquiétait. Ils avaient dit aux hommes des camps qu'ils devaient faire un choix pour l'avenir. Ils pouvaient soit s'enrôler dans la Légion étrangère soit rester dans les camps de concentration jusqu'à la fin de la guerre, *pour la durée de la guerre**. Se décider pour la Légion étrangère, signifiait non seulement être libéré du camp – mais aussi être immédiatement expédié en Afrique –, et il n'était pas nécessaire de s'engager pour les cinq années convenues, mais seulement pour le temps de la guerre, *pour la durée de la guerre**. Ce n'était pas tout : on promettait aux volontaires la fameuse *carte d'identité** et, dans certains cas même, la *carte de travail**, permis de travailler. Après la guerre, bien sûr. Mais la générosité s'étendait encore plus loin : ceux qui se portaient volontaires pour la Légion étrangère, avaient la permission de se marier !

L'effet de cette dernière disposition a été bien calculé. Pendant les années d'émigration, de nombreux jeunes ont eu beaucoup de difficultés à vivre en couple (non mariés), ce qui n'était pas bien vu en France à l'époque, et souvent fustigé par les voisins – des enfants sont nés de ces couples et considérés comme illégitimes. Pour certaines femmes, qui avaient souffert de ces adversités pendant des années, une lueur d'espoir apparaissait avec cette autorisation de mariage, de pouvoir se mettre *en ordre** lorsque l'homme s'engageait dans la Légion. Mais cela a également fait son effet sur les hommes. Les femmes, si elles n'étaient pas mariées, ne pouvaient pas percevoir une *allocation militaire**, il n'y avait aucun soutien pour ces femmes de soldats. Toutes ces raisons jouaient un rôle dans la décision de s'engager pour la Légion étrangère. Et puis, il y avait aussi cette question qui restait ouverte : à quoi appartenions-nous, nous, l'émigration allemande antifasciste, dans cette *drôle de guerre** ?

La pression des autorités sur les émigrés internés a pris de l'ampleur. On leur dit qu'ils ne seraient pas libérés du camp tant qu'ils ne se présenteraient pas à la Légion, peu importait combien de temps durerait la guerre. Et que se passerait-il si les Allemands se rendaient dans les zones où les hommes étaient détenus dans ces camps ?

On se demandait vraiment ce qui avait poussé les autorités françaises à exercer une telle pression sur les émigrés. Eh bien, la Légion étrangère avait un cruel besoin d'hommes. Et, par ailleurs, cela coûtait cher au gouvernement de nourrir ces milliers d'hommes internés et inutiles, mais il fallait les nourrir de toute façon. Avec la Légion étrangère, le problème des étrangers, à qui on ne pouvait quand même pas faire confiance, serait réglé. Le rêve de construire le chemin de fer Trans Sahara pouvait devenir réalité !

Je suis donc allée à Nevers avec mon refus de séjour et donc sans *sauf-conduit**. Ça s'est passé sans encombre, je n'ai pas été contrôlée. J'avais écrit à Hans que j'allais venir mais, comme tout était si incertain, je n'avais pas été en mesure de lui donner de date précise. Alors que je marchais dans la rue avec mes colis vers l'entrée du camp, j'ai vu un groupe de prisonniers debout à la grille. De toute évidence, ils étaient en grande discussion. Hans était parmi eux ! Mais dans quel état étaient-ils tous ? Avec de longues barbes, non peignés, négligés… Ils m'ont reconnu – quelques-uns d'entre eux me connaissaient d'avant – et, un par un, ils se sont retournés et se sont enfuis. Hans étendit ses bras à travers la grille et prit mes mains. Ne me regarde pas maintenant, dit-il, et cache tes yeux, je reviens tout de suite ! Je ne savais pas quand il reviendrait – puis il a disparu aussi. Lorsqu'il est réapparu, suivi un par un par tous les autres, ils étaient rasés, soigneusement peignés, relativement propres… Même les sauvages de la Légion étrangère, dont plusieurs se trouvaient dans le camp, avaient l'air presque correct. J'ai ri. Il était vraiment important pour tous ces hommes d'être présentable ! Même s'ils faisaient toujours semblant de ne pas s'en soucier.

Hans m'accompagna dans la cuisine, à laquelle il avait accès. « Je suis devenu chef », proclama-t-il fièrement.

Ce fut une courte visite, car je devais rentrer avec le train du soir. Ses camarades de camp étaient attentionnés et discrets, nous avons pu passer la journée ensemble, sans être trop dérangés, juste dans la cuisine.

Nous avons longtemps réfléchi à la question de la Légion étrangère. Et nous étions tous les deux du même avis.

« Tu n'as pas à te faire de soucis, dit Hans, je ne ferai jamais de bénévolat pour la Légion étrangère, quelle que soit la pression. Je ne vais pas me rendre au Sahara. Même s'ils nous retiennent captifs ici jusqu'à la fin de la guerre. C'est encore mieux que la Légion. Mais peut-être trouverons-nous une alternative. » Puis, comme souvent, il a ajouté : « Surtout, rien n'est urgent… »

Nos amis Erna et Rolf étaient également impliqués dans cette affaire depuis longtemps. Comme les autres, ils étaient arrivés à la conclusion que Rolf devait s'engager. Ils avaient eu un enfant, et ce serait trop difficile s'il restait dans ce camp alors que rien ne se présageait sur ce qui allait arriver. Peut-être que l'Afrique était un meilleur choix par rapport à la métropole ?

Tous les deux, ils avaient déjà fui en France en 1933, alors qu'ils n'étaient pas encore mariés. Erna et moi étions amies à Berlin, puis nous nous étions revues à Paris. Quand la guerre a éclaté, Ralf et Hans s'étaient retrouvés dans le même camp et, pendant ces mois, j'étais souvent restée avec Erna à Paris, ou elle était venue me rendre visite avec sa petite fille.

Rolf est donc entré en contact et est devenu légionnaire. Ils se sont mariés aussitôt après. Erna a eu du mal à accepter la situation.

– Ne t'inquiète pas, disait Rolf, je vais me procurer une belle pierre tombale, avec cette inscription : *Mort pour une carte d'identité**.

C'était une façon pour Rolf d'évacuer le stress des situations difficiles.

Le mariage eut lieu alors que Rolf était encore dans le camp, mais déjà en uniforme de Légionnaire. Tout fut soigneusement préparé, avec l'aide enthousiaste des camarades de camp. La direction du camp a permis l'organisation d'un grand dîner de mariage dans le restaurant du village, sous une garde militaire, bien sûr, et le garde a été invité à participer au mariage. Hans était un homme de premier plan dans l'organisation, mais son rôle le plus important était d'encourager le garde à boire, afin qu'il ne puisse plus penser ni agir clairement après le festin de mariage. Une chambre d'hôtel avait été louée dans le village pour les mariés et, bien sûr, il n'était pas permis au marié, qui était prisonnier, de passer la nuit à l'extérieur du camp. Selon les rapports de Hans, le verre de vin du garde fut régulièrement rempli, Hans et lui portaient alors un toast : « *À votre santé !** » disait Hans, et le garde de répondre, « *À la vôtre !** ». Vers la fin du repas, les yeux du soldat étaient clos, il tomba presque de sa chaise et dut être transporté au camp. Hans aussi, me dit-il, semblait un peu somnolent vers la fin. Ce mariage a longtemps fait parler de lui.

Drôle de guerre

Les nouveaux légionnaires étrangers eurent quelques jours de congé avant d'être embarqués pour l'Afrique. Bientôt, des émigrants – qui avaient passé des mois après le déclenchement de la guerre dans des camps de concentration français – ont été vus se promenant dans Paris. Il ne leur restait que quelques jours en Europe, mais ce qui allait se passer ensuite, personne ne le savait. Beaucoup portaient maintenant l'uniforme, et certains marchaient même bras dessus, bras dessous, avec leur femme récemment épousée. Nous nous sommes retrouvés avec quelques amis avant leur départ pour l'Afrique. Souvent, ces légionnaires se retrouvaient dans des situations embarrassantes. Dans les camps, on les avait affublés d'uniformes de soldats français sans leur apprendre comment un soldat devait se comporter. Ces gars n'avaient jamais servi dans une armée – comment fallait-il réellement saluer, qui fallait-il saluer, et comment distinguer un gradé par les épaulettes portées ? Beaucoup de choses auraient certainement pu mal tourner si l'esprit militaire et l'humour gaulois n'étaient pas venus au secours de certains.

Deux amis en permission, Erich et Gustav, se promenaient sur le boulevard Haussmann – une permission dans Paris avant le début des hostilités. À chaque coin, ils rencontraient des militaires. Gustav a vu deux hommes côte à côte qui se dirigeaient vers eux et qui étaient probablement des officiers, peut-être de haut rang… Que faire ? Fallait-il saluer ? Afin d'éviter un accrochage, ils tentèrent d'éviter les deux militaires, comme tous les légionnaires émigrés le faisaient : il tourna la tête de l'autre côté du boulevard, où il ne pouvait pas les voir. Mais les deux gars se sont approchés de lui, l'un d'eux s'est arrêté juste à sa hauteur et a dit : « *Dis donc, mon vieux** – à partir de quel grade penses-tu réellement devoir saluer un officier ?* » – il sourit, salue et passe à son chemin.

– Merde, Gustav, dit Erich à son ami d'une voix agacée, c'était un général !

Rudi était l'un des légionnaires émigrants en permission à Paris. Il venait de sortir du camp de Vernuche et, quand nous nous sommes rencontrés dans un bistrot, il m'a dit :

– Peut-être que tu ne le sais pas encore, mais ton ami Hans s'est engagé.

Je l'ai regardé ahurie.

– Non, tu dois te tromper, ai-je dit. Hans ne s'est pas engagé !

Mais Rudi a confirmé. Hans le lui avait annoncé lui-même alors qu'il se rendait à l'examen médical. Il fallait évidemment se prêter à cette inspection médicale, c'était une question de forme, tout le monde était déclaré apte.

Pendant un moment, je me sentis bluffée. Mais non, je continuais à croire qu'il devait s'agir d'une erreur. Si Hans m'avait contacté, il m'aurait bien assuré qu'il n'était pas question pour lui de s'engager. Qu'il n'irait jamais en Afrique comme légionnaire.

– Tu dois comprendre qu'il n'a pas le choix, a déclaré Rudi. La pression est trop forte…

D'autres aussi m'ont conseillé de ne pas m'énerver, qu'Hans n'était pas le seul, les émigrants restaient avec lui. Et, à ce sujet, a déclaré un auteur bien connu – qui a également travaillé comme stratège – si tu y réfléchis bien, dans ce conflit, il n'y a que deux côtés. Existe-t-il un doute sur le choix du côté ? Partout où on combat l'Allemagne nazie aujourd'hui, se trouve une place pour nous…

Cela commençait à dépasser mon entendement.

– Où ? lui demandais-je. Dans la Légion étrangère ? Ta place est-elle vraiment dans la construction du chemin de fer transsaharien ? Et sais-tu ce qui se passera ensuite ? Les Allemands de gauche, abandonnés dans le Sahara, vont-ils être condamnés à construire la ligne de chemin de fer des Français, sans doute parce qu'avec les difficultés que connaît leur propre peuple, ce dernier ne le pourra pas ? À cause de la faim, des épidémies et du travail acharné, n'est-ce pas là notre place, dans la lutte contre le régime hitlérien ?

Le lendemain matin, Hans était de retour chez lui à la Butte-Rouge. Je n'en croyais pas mes yeux. Il n'était pas en uniforme.

– Tu t'es engagé ?

– Oui, mais seulement pour quelques heures.

– Qu'est-ce que cela signifie ?

La Commission médicale l'avait jugé *inapte** pour le service. En plus de cela, on l'avait libéré du camp pour « raisons de santé », car il était suspect. Il était donc de retour à Paris, libre !

Pour des raisons de santé ? Qu'est-ce qui clochait avec sa santé ?

– Tout va bien, dit Hans. Tu sais que certains de mes amis à Vernuche sont médecins. Les amis s'entraident !

Ce que ses amis avaient fait exactement, il ne le savait pas vraiment. Mais cela n'avait pas d'importance, l'essentiel était que ça avait fonctionné. En route pour le centre médical, ses amis et lui avaient fait un léger détour – ce qui était permis aux candidats pour la Légion –, il s'agissait d'une promenade sur un chemin peu fréquenté. Les amis avaient apporté quelque chose qu'il était censé inspirer profondément.

– Plus profond, plus profond ! disaient-ils.

Lorsqu'il s'est présenté devant le médecin, ce dernier a dit : « Respirez profondément ! » Hans s'est exécuté, très profondément, comme ses amis lui avaient conseillé de le faire.

– J'avais l'impression d'entendre siffler un orgue, a déclaré Hans. Le médecin a effectué un mouvement de recul. Le médecin a fait venir un collègue, puis encore un autre. Pour chacun, je devais respirer profondément, ça faisait un bruit effrayant ! Après s'être consultés, ils m'ont déclaré inapte au service et indésirable au camp. En fait, les militaires français pouvaient toucher une pension à vie s'ils avaient des problèmes pulmonaires. C'est la raison pour laquelle ils étaient particulièrement prudents.

Désormais, Hans était déclaré *inapte*, mais pas incapable de travailler. Grâce à quelques amis et dans la précipitation, nous avons pu trouver une chambre d'hôtel particulièrement bon marché en plein Paris. Elle se trouvait dans le sous-sol, sentait le moisi, la saleté de la route et la poussière entraient par les fenêtres basses (ce genre de fenêtres à battants, appelées *vasistas* en France ; ce mot venait des soldats prussiens qui utilisaient pour la première fois ces volets en 1870 et se demandaient : *Was ist das ?*[23]). C'était la pire des piaules que nous avions habitée à Paris depuis notre arrivée.

Hans fut bientôt appelé pour travailler. Il devait se présenter à Chartres. Après réflexion, il décida de ne pas accepter la demande. Il n'avait jamais mis les pieds dans cette ville, il n'y connaissait personne, et il n'était pas vraiment à l'aise avec la langue française. Il n'avait pas de masque à gaz, mais son *accent boche*, i*l l'avait.

– Je ne vais pas m'isoler dans une situation aussi incertaine, a-t-il déclaré. J'aurais bien aimé visiter la cathédrale, mais nous sommes loin d'être des touristes. Je ne vais pas aller à Chartres.

Puis il s'est allongé sur le lit étroit et m'a dit qu'il resterait couché… J'ai appelé son bureau et lui ai

---

23 Qu'est-ce que c'est ?

signalé qu'il était malheureusement souffrant et qu'il ne pourrait pas se rendre à Chartres. Le même jour, on a vu débarquer un fonctionnaire dans notre sous-sol qui tenait à vérifier l'état du malade. Hans était seul à la maison, laissa entrer le fonctionnaire et se traîna au lit en se plaignant de douleurs insupportables. Le fonctionnaire expliqua qu'il avait lui-même souffert de ce mal auparavant, cela avait effectivement été insupportable, au même endroit qu'Hans, et il massa ce dernier, Hans gémissant de plus belle. L'homme du contrôle du travail s'est assis à son chevet, ils ont échangé quelques mots et en sont arrivés à parler de la famille, et de la situation à la fin de la dernière guerre, lorsqu'ils étaient encore des enfants. Et tout ça aujourd'hui, qu'est-ce que ça allait devenir ? Une nouvelle guerre mondiale ? Puis le visiteur a conseillé à Hans d'être avant tout très prudent, de ne rien soulever, que cela durerait probablement une dizaine de jours, peut-être que des serviettes pourraient aider. Il pouvait reprendre contact avec eux lorsque les douleurs se seraient calmées.

La vie est devenue encore plus difficile pour moi aussi. Les femmes qui n'avaient pas de *carte d'identité** devaient se présenter tous les deux jours à la préfecture où elles attendaient toute la journée. Le soir, on nous appelait et on nous mettait un cachet sur nos papiers : pour moi, c'était sur mon *refus de séjour** !

La guerre en Scandinavie. Les alarmes aériennes se multipliaient. Nous devions à nouveau nous rendre dans les abris. Hans et moi marchions dans la rue, quelque part à Paris, et avons été surpris par une de ces alarmes. Vite, dans la cave la plus proche ! Les

« gardiens de l'air » vous chassaient de la rue vers les abris ! Nous étions des étrangers, sans masques à gaz, nous ne connaissions personne. Nous nous retrouvions au milieu d'une masse de gens, collés les uns aux autres, mais nous ne pouvions pas parler, puisque notre *accent boche** nous aurait trahis… Le soir, nous sommes rentrés à la Butte-Rouge. Alarme à nouveau ! Ma voisine Sascha, que je connais depuis Berlin, est assise à côté de moi dans la cave. Nous percevons les impacts des bombardements… Proches de Villacoublay, probablement que l'aérodrome militaire est bombardé. À chaque déflagration, je sentais combien le corps maigre de Sascha tremblait… « C'est juste la défense aérienne », dis-je à chaque fois en lui prenant les mains, mais en fait je n'avais aucune idée de ce qu'il se passait. Cela la calma.

Hans fut sollicité pour écrire des billets à destination d'une des radios de résistance face aux Troupes allemandes en France. Il s'est aussitôt mis au travail. On nous a mis en garde de différents côtés : était-ce l'émetteur pertinent ? Y avait-il un parti derrière ? Lequel ? Ou même une faction du gouvernement français ? D'où venait l'argent ? Mais, Hans n'avait aucun doute. Il a même eu l'opportunité de parler à des soldats allemands. Sur les horreurs à venir de la guerre. À propos du Terrorisme. Il savait parler aux soldats allemands. Et, peu importait qui lui avait rendu ces contacts possibles. Il était indispensable de ne pas se taire sur les exactions commises à l'encontre de son pays.

L'animateur de radio, Alex, était un jeune acteur rhénan. Pendant qu'Alex et Hans travaillaient à la prochaine émission, je me suis rendue avec sa femme Margit à leur appartement pour y manger quelque chose. Je me souviens même que c'était du boudin noir. Deux hommes sont apparus dans l'embrasure de la porte et lui réclamaient une pièce d'identité.

Ils ont demandé pour entrer, puis ont posé des questions. *Monsieur** était-il à la maison ? Non, alors *Madame** pourrait peut-être les aider. Ils étaient là à la demande du *Deuxième bureau*,* vous savez, la police secrète. Non, restez juste tranquillement dans la chambre !

– Quel est le métier de votre mari ? ont-ils demandé à Margit.

– Comédien.

– Et que fait-il maintenant ? A-t-il un emploi ?

– Il diffuse des billets sur une radio Française pour les troupes allemandes.

– Quels sont les messages qu'il envoie ?

Margit me regarda brièvement, je me taisais.

– Il dit aux Allemands que le Führer les conduira dans une guerre dure, dans une guerre fasciste, que l'Allemagne doit perdre cette guerre, que cela n'apportera que misère et horreur au pays.

Les deux hommes se regardèrent.

– En fait, il fait de la propagande défaitiste ?

Margit ouvrit grands les yeux.

– Oui, le défaitisme, dit-elle, pour que l'Allemagne perde la guerre…

– Votre mari est allemand ?

– Oui. Un Allemand qui veut empêcher son pays de mener une guerre sanglante contre le monde.

– Eh bien, c'est ce qu'est *le traître de Stuttgart** pour nous Français. Votre mari est un traître pour son propre pays.

Margit est devenue livide.

– Où se trouve donc cet émetteur ?

– Mon mari ne me l'a pas dit.

Les deux hommes sont finalement partis.

Lorsque, quelques jours plus tard, tous les Allemands en France ont de nouveau été emprisonnés dans des stades et des camps de concentration, Alex fut traité comme un cas à part. On est venu le prendre chez lui, il a été arrêté et emprisonné à Paris. Chaque matin et chaque soir, on venait le chercher pour l'emmener au poste de radio émetteur sous bonne garde. Après l'émission, on le ramenait en prison. Il ne connaissait pas celui qui réalisait les émissions.

Ma mère travaillait depuis un certain temps déjà : elle cousait des uniformes de soldats. En même temps, elle s'occupait de sa petite-fille, Catherine, afin qu'Eva puisse continuer à travailler à l'Institut de Paris. Les alarmes des avions ont finalement rendu cela impossible. Catherine était une enfant assez forte, elle était lourde, et ma mère était fragile du cœur. Elle allait se promener avec l'enfant, toutes sirènes hurlantes, soudain la grand-mère devait attraper et porter l'enfant puis courir avec elle à l'abri, la traîner en bas des marches… Arrivée dans l'abri, elle se rendait compte qu'elle ne pouvait plus respirer. Plus tard, lorsque l'alarme s'arrêta, nos voisins de la rue Robert Hertz l'aidaient à rentrer chez elle et à ramener sa petite-fille. Eva a finalement dû trouver quelqu'un d'autre pour s'occuper de Catherine pendant la journée.

Les Allemands ont envahi la Hollande, la Belgique, le Luxembourg. Les grandes affiches rouges sont donc réapparues sur les murs. Tous les hommes allemands qui avaient été libérés des camps pendant l'hiver – pour quelque raison que ce soit – devaient à nouveau se mobiliser. Mon frère Hans, qui avait été envoyé à Paris pour un « effort de guerre », a été pris chez lui au milieu de la nuit et emmené au stade Buffalo de Paris. Ils ont extirpé Hans, mon mari, de notre sale pièce du sous-sol parisien. Les deux se sont rencontrés par hasard, parmi des milliers d'autres émigrants dans le stade. Après quelques jours, on les a transférés dans divers camps à l'ouest et au sud du pays.

Et puis les affiches rouges sont réapparues sur les murs. Cette fois, nous, les femmes, avions également le privilège d'être internées, dans des *camps de concentration**, comme il était précisé sur les affiches. Les seules exceptions étaient les émigrants âgés et les femmes avec enfants.

C'est ainsi que la *drôle de guerre** a pris fin.

Paris après le 14 juin

Le quinze juin, le lendemain de l'occupation de Paris, dans l'après-midi, quelqu'un frappa à la porte de l'appartement de mes parents à la Butte-Rouge. Mes parents étaient tout excités, ils n'avaient pas dormi. La veille, lorsqu'ils ont vu que les voisins de la rue Robert Hertz s'enfuyaient, ils ont eux aussi jeté quelques objets dans la poussette d'enfant, et essayé de courir pour rejoindre le train de réfugiés. Ce dernier s'est ébranlé. Après environ deux heures, les troupes allemandes avaient rattrapé les réfugiés ; ces derniers ont continué à marcher sans se soucier du flux des fuyards. Beaucoup ont fait demi-tour et sont rentrés chez eux. Les troupes allemandes se sont installées dans les quartiers de Chateney-Malabry. Mon père et ma mère sont rentrés à la maison. Ils étaient alors seuls dans leur habitation. Mon frère, mon mari et moi étions internés depuis un mois. Eva et l'enfant avaient été accompagnés par des amis jusqu'à la gare où, bousculés par une foule disparate, elle a essayé de se glisser dans l'un des convois surpeuplés.

Quand des coups ont retenti sur la porte d'entrée, mes parents ont été surpris. Deux officiers allemands se tenaient eux. « Police secrète de l'État ! », criaient-ils en les poussant de côté.

– Nous recherchons Johannes Fittko, votre gendre.

– Il n'est pas là, dit ma mère.

– Et où est-il ?

– Nous ne le savons pas, répondit mon père. Il ne vit pas ici.

Sur la table se trouvait une lettre. Un des hommes de la Gestapo l'a saisie.

– De qui vient cette lettre ?

– De ma nièce Mita, qui vit à Bruxelles, dit ma mère. Ce courrier vient d'arriver, nous ne l'avons pas encore lu.

L'agent a brièvement regardé les deux côtés de la lettre, puis l'a enfoncée dans sa poche avec l'enveloppe.

– Et où se trouve votre fille ?

– Elle n'est pas ici. Nous n'avons plus de nouvelles d'elle depuis un mois.

– Et où vit votre gendre maintenant ?

L'homme de la Gestapo s'adressait à ma mère. Il feuilletait un cahier.

– Alors, vous répondez ? Où habite Johannes Fittko ?

– Il a déménagé à Ivry, dit ma mère en pensant qu'il était dans un camp.

– Vous mentez ! Il ne vit pas à Ivry !

Ma mère n'a jamais su plus tard si elle avait délibérément voulu tromper l'homme ou si elle s'était trompée de banlieue dans son excitation.

L'agent feuilletait toujours son carnet.

– Ça suffit maintenant ! s'écria-t-il. Johannes Fittko ne vit pas à Ivry, mais à Issy ! Vrai ? Par ici avec l'adresse, et vite !

Ils savent tout ! pensa ma mère. Dès le lendemain de l'occupation de Paris.

– Je me suis trompée, dit-elle. Mais je n'ai pas son adresse exacte.

Ils ne pouvaient pas intimider mes parents. Hans ne leur avait en effet jamais communiqué les adresses des hôtels à Issy, puisqu'il s'était juste réinscrit provisoirement au début de l'avance allemande.

Peu de temps après, la Gestapo chercha Johannes Fittko chez sa sœur Marta à Berlin-Spandau. Ils étaient en rage quand ils se sont rendu compte qu'ils ne le trouveraient pas et ne pourraient obtenir aucune information.

– Il était à Paris et nous a échappé une nouvelle fois ! criaient-ils à l'encontre de Marta.

– Messieurs, dit Marta, merci de m'avoir confirmé que mon frère est toujours en vie.

Sur ce, ils sont partis.

Ma cousine Mita a été arrêtée quelques jours plus tard à Bruxelles. Lorsque la Gestapo est arrivée, elle avait fui par le toit, mais elle a été reprise et emmenée…

Après la guerre, un comité a considéré qu'elle avait été déportée à Auschwitz. Elle n'est jamais revenue.

Et après ?

À l'exception des nouveaux de la Légion étrangère qui furent transportés en Afrique du Nord, tous les émigrants, y compris les femmes, arrivèrent dans des camps de concentration français. Les plus actifs d'entre eux, les opposants politiques de l'armée nationale-socialiste, ont été mis à part et enfermé avec les criminels dans les pires des camps. On disait les *indésirables**. Même parmi nous, les opposantes politiques du Troisième Reich, nous avons été séparées des autres et considérées comme particulièrement dangereuses – nous étions aussi *indésirables !*

Comment tout cela allait-il évoluer ? Qu'allait-il nous arriver ?

Sans relâche, nous nous interrogions encore et encore jusqu'à nous quereller. Où allions-nous ? Nous, la gauche allemande ? À qui revient cette guerre ? Est-ce une guerre contre le fascisme ? Ou une guerre impérialiste ?

Nous nous demandions : est-ce que cette guerre peut ce que nous n'avons pas pu, malgré tous nos sacrifices ? Arrivera-t-elle à mettre le national-socialisme à genoux ?

Nous devions choisir notre camp, nous devions déterminer quel était précisément notre rôle et ce que nous pouvions faire.

La décision en France était tombée en cinq semaines à peine : la défaite. Des millions de Français fuirent le Nord. Des foules d'émigrants se sont échappées des camps de concentration. Tous affluaient vers le Sud, loin de l'invasion ennemie.

Par ailleurs, qu'était-il arrivé aux milliers de personnes qui avaient débarqué en Afrique du Nord, certains comme fuyards ? Ils ont également été internés dans des camps par le gouvernement Français.

Les légionnaires ont reçu une courte permission, à condition qu'ils puissent présenter un *certificat d'hébergement**, l'invitation d'une famille française pour accueillir un légionnaire durant deux semaines faisait l'affaire. À Marseille, un commerce de *Certificats** a immédiatement vu le jour, on les proposait dans toutes les gammes de prix. Les prostituées, dont les revenus n'étaient pas vraiment suffisants à cette époque, pouvaient ainsi se faire un petit plus, en accueillant des légionnaires étrangers en permission. Ces « invités » disparaissaient après quelques jours et, comme les autres émigrants en France, tentaient d'entrer illégalement.

Et après ?

La France, notre pays d'accueil, était devenue un piège. Et la France dut se rendre. Le traité de dépôt des armes – traité de la honte – a informé les émigrants d'Allemagne du prix pour rejoindre leur ancienne patrie : « Extradition pour le bien de la demande », était le titre du paragraphe du traité. Le journaliste américain Varian Fry a écrit un livre impressionnant à ce sujet (Varian Fry, *Auslieferung auf Verlangen. Die Rettung deutscher Emigranten in Marseille 1940/41*[24]. München 1986).

Mais nous, nous avons dit que nous ne nous rendrions pas.

Nous avons une tâche. Notre tâche est maintenant d'échapper à ce piège. Nous devons nous sauver nous-mêmes… Nous devons essayer de nous sauver les uns les autres. C'est pourquoi nous pouvons être là et contribuer à libérer l'Europe et le monde de la barbarie.

Et après ?

Ce qui viendra ensuite, ne se passera certainement pas toujours bien. Ce sera la tâche des générations futures.

---

24 *Livraison sur demande*. Le sauvetage des émigrés allemands à Marseille 1940/41. Munich 1986.

TABLE DES MATIÈRES